RÉCRÉATIONS

DU

CHATEAU DE GRENELLE.

PROPRIÉTÉ.

MÊME LIBRAIRIE.

CORBEIL, typ. et stéréot. de CRÉTÉ

RÉCRÉATIONS

DU

CHATEAU DE GRENELLE

THÉATRE NOUVEAU

COMPOSÉ

POUR LES DISTRIBUTIONS DE PRIX ET LES RÉCRÉATIONS LITTÉRAIRES

dans

LES PENSIONNATS DE DEMOISELLES

PAR

MADEMOISELLE DE LORTAL.

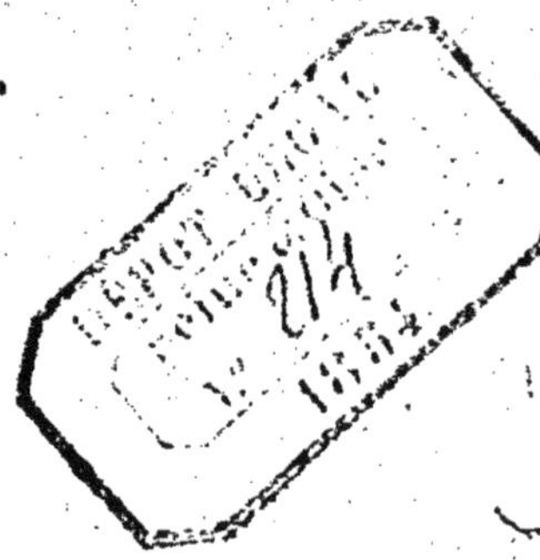

LIBRAIRIE D'ÉDUCATION DE PERISSE FRÈRES,

PARIS	LYON
NOUVELLE MAISON	ANCIENNE MAISON
RUE SAINT-SULPICE, 38	GRANDE RUE MERCIÈRE, 49
ANGLE DE LA PLACE.	ET RUE CENTRALE, 60.

1854

MÉDIOCRITÉ ET GRANDEUR.

PERSONNAGES.

LA DUCHESSE DE RICHEMOND.
MARIE, sa fille.
MADEMOISELLE DE VILLEROY, gouvernante de Marie.
CONSTANCE, nièce de la duchesse.
NANETTE, femme de chambre de la duchesse.
MADAME DUVAL.
MARGUERITE, sa fille.
THÉRÈSE, domestique de madame Duval.

MÉDIOCRITÉ ET GRANDEUR.

ACTE PREMIER.

La scène se passe dans le salon de madame de Richemond.

SCÈNE I.

LA DUCHESSE DE RICHEMOND, MADAME DUVAL.

LA DUCHESSE.

Oh ! je ne saurais vous dire, ma chère Amélie, quel plaisir j'éprouve en vous revoyant ! Aussitôt que j'ai entendu votre nom, j'ai ressenti une joie bien vive.

MADAME DUVAL.

Je la partage, Madame, je vous assure ; depuis que nous nous sommes quittées, votre souvenir et le désir de vous retrouver un jour sont restés dans mon cœur.

LA DUCHESSE.

Le mien n'a pas changé, mon amie ; ni le temps, ni l'absence n'a rompu les liens qui m'attachaient à vous.

MADAME DUVAL.

Je suis d'autant plus reconnaissante de la durée de votre affection, Madame, que je sens combien de choses pouvaient l'effacer dans votre âme; les plaisirs qui vous environnent auraient certainement dû vous faire oublier une amie d'enfance qui, tout en étant fort heureuse, se trouve dans une situation bien moins brillante que la vôtre.

LA DUCHESSE.

Vous savez que je n'ai jamais aimé les grandeurs, ma chère Amélie ; hélas ! elles donnent plus de soins et d'embarras que de véritable satisfaction. Combien de fois dans le tumulte du monde j'ai regretté les jours que nous avons passés ensemble dans le calme et la solitude !

MADAME DUVAL.

Ainsi, le sourire constant de la fortune, l'éclat qu'elle fait briller autour de vous, la considération que vous attire la noblesse de votre nom, tout cela vous a laissée la même : et je retrouve dans la duchesse de Richemond de Coucy, cette simple compagne que tant de fois j'eus le bonheur d'appeler mon amie?

LA DUCHESSE.

Seulement vous la trouvez moins heureuse, moins gaie, que lorsque vous l'avez connue. L'expérience du monde, alors même qu'on échappe à sa fâcheuse influence, ne laisse pas d'attrister l'âme. Combien je voudrais me soustraire à ce joug pesant! Mais M. de Richemond est retenu ici par les devoirs de la charge dont l'a honoré l'empereur; j'ai deux fils dont l'avenir demande notre présence à la cour; ainsi je ne puis mesurer la durée de mon esclavage. Du reste, j'ai le bonheur de retrouver mes goûts dans ma famille, et dans les courts moments de liberté que nous laisse notre position, je goûte le bonheur que peuvent donner des enfants vertueux et aimables.

MADAME DUVAL.

Vous méritez bien cette joie, Madame. L'idée si noble et si vraie que vous vous étiez faite des devoirs d'une femme, je suis bien sûre que votre conduite la réalise chaque jour; et Dieu vous récompense en vous rendant une heureuse mère.

LA DUCHESSE.

C'est une faveur de sa bonté, bien plus qu'une récompense, ma chère Amélie: hélas! quelle mère peut se rendre le témoignage d'avoir accompli toute sa tâche! Pour moi, j'ai à bénir le Seigneur d'en avoir adouci les difficultés en me donnant des enfants nés avec un cœur droit et sensible; ma fille surtout que je fais élever près de moi, est la plus douce joie de ma vie.

MADAME DUVAL.

Vous avez donc le bonheur d'avoir une fille qui répond à vos soins et qui imite vos exemples ! Oh ! je vous en félicite, c'est un précieux don du ciel.

LA DUCHESSE.

C'est vrai ; Marie, quoiqu'elle n'ait que dix-sept ans, est pour moi non-seulement une tendre fille, mais une véritable amie ; la sagesse a devancé chez elles les années, et au milieu de tout ce qui pourrait lui faire aimer le monde, elle en comprend la vanité.

MADAME DUVAL.

Et de si heureux succès sont l'ouvrage de vos soins et de vos vertus?

LA DUCHESSE.

Ma position me soumet à trop d'obligations importunes, pour que j'aie pu seule m'occuper de ma fille ; j'ai donc dû partager avec une autre cette tâche si importante et si chère. La Providence m'est venue en aide en me faisant rencontrer quelqu'un qui réunit tout ce que je pouvais désirer ; mais vous, ma chère Amélie, avez-vous des enfants?

MADAME DUVAL.

J'ai une fille unique. Naturellement bonne, Marguerite est douée de qualités qui feraient mon bonheur, si un triste défaut qu'en vain j'ai essayé de corriger, ne faussait son jugement et n'émoussait la sensibilité de son cœur.

LA DUCHESSE.

Quel âge a votre fille?

MADAME DUVAL.

Quinze ans.

LA DUCHESSE.

A cet âge il est encore facile de se réformer.

MADAME DUVAL.

Pourtant ni les raisonnements que je lui ai faits, ni les distractions que j'ai cherché à lui donner, n'ont détruit la funeste illusion qui lui fait oublier tous les avantages de sa position; elle rêve ceux d'une grande fortune; elle croit qne le monde seul peut faire des heureux. Ainsi, le désir d'une vie dissipée et bruyante la consume, et elle ne jouit d'aucun bien réel, en en souhaitant toujours d'imaginaires.

LA DUCHESSE.

Pauvre enfant! s'il lui était donné de porter un moment les lourdes chaînes, qu'elle croit être des liens de fleurs, elle serait bientôt désabusée.

MADAME DUVAL.

Il semblait néanmoins que cette sorte de maladie commençait à se guérir lorsque nous sommes arrivées à Paris, où M. Duval vient d'entrer dans une société commerciale qui lui promet de grands avantages. La vue de la capitale a déjà fait une fâcheuse impression sur Marguerite. Ses yeux se fixent avec une sorte d'avidité sur les plus beaux hôtels, sur les équipages les plus somptueux, elle ne parle plus que de modes, de luxe, de plaisirs ; elle m'assure, et je n'ai pas de peine à le croire, qu'elle ne pourra jamais s'habituer à continuer la monotone vie que nous menions à Saint-Yriex.

LA DUCHESSE.

Je comprends les inquiétudes que doivent vous donner les pensées et les goûts de votre fille ; mais puisqu'elle a un bon naturel et de l'esprit, il sera, je crois, plus facile de la guérir que vous ne le pensez.

MADAME DUVAL.

Oh ! quelle serait pour vous ma reconnaissance si vous pouviez me donner les moyens d'arriver à un si heureux résultat !

LA DUCHESSE.

Si vous comptez sur mon amitié, si je puis vous inspirer quelque confiance, ma chère Amélie, j'essayerai de vous rendre le bonheur en ramenant votre chère enfant à des idées plus justes. J'entrevois la manière de lui donner une leçon fructueuse ; seulement, je vous prie de me permettre d'y réfléchir et de consulter a ce sujet mademoiselle de Villeroy, la gouvernante de ma fille, dont le tact et l'expérience nous seront d'une grande utilité ; je vous réponds de sa discrétion et de sa délicatesse.

MADAME DUVAL.

Je vous connais trop bien, Madame, pour avoir la moindre inquiétude, en vous laissant choisir le moyen de corriger Marguerite ; je sais trop ce qu'il y a de droiture dans votre esprit et de bonté dans votre âme pour ne pas être sûre que vous trouverez un remède qui, sans être trop amer, soit pourtant efficace.

LA DUCHESSE.

Je vous remercie de votre confiance, mon amie ; croyez qu'il me sera doux d'y répondre : heureuse si je puis la satisfaire par un succès que je désire presque autant que vous ! Je vais en causer avec mademoiselle de Villeroy.

MADAME DUVAL.

Hé bien oui ; j'ai quelques courses, à faire et avant de rentrer chez moi, si je ne dois pas vous paraître trop empressée, je reviendrai pour connaître votre plan. Adieu, donc, Madame.

LA DUCHESSE.

Adieu, ma bonne amie. (Elles sortent.)

SCÈNE II.

MARIE, *entrant par l'autre porte.*

C'est donc aujourd'hui que j'ai dix-sept ans! Oh! que l'année qui vient de finir ressemble peu aux précédentes! Celles de mon enfance étaient si douces et si paisibles, et celle-ci a été si bruyante et si agitée! Les premières s'écoulaient dans l'aimable société de ma mère, de mon institutrice et de quelques compagnes de mon âge qui venaient partager mes jeux; celle-ci, marquée par mon entrée dans le monde, m'a conviée sans cesse à des fêtes que je n'aime pas, à des plaisirs qui me fatiguent et m'ennuient. Oh! que je regrette ma vie d'enfant!

(Elle chante avec un peu de tristesse.)

Pauvre Marie,
Hélas! ta jeune vie
N'aura plus de beaux jours!
Ils ont fui pour toujours!...
Obscurité de mon heureuse enfance,
Ta douceur
De mon cœur
Faisait tout le bonheur!

O liberté de mon jeune âge!
Comme à ce brillant esclavage
Toujours je te préférerai;
Toujours je te regretterai!

Que la fortune
Est importune !
Oui ! vraiment sans attraits
Sont pour moi ses bienfaits !

Tout mon plaisir, c'était la vie obscure,
Son repos et sa paix
Qui m'ont fuie à jamais !
Ah !... tels que l'onde fraîche et pure,
Arrosant la belle verdure,
Coulaient tranquillement mes jours,
Toujours, toujours,
Coulaient mes jours,
S'écoulaient mes beaux jours.

Obscurité de mon heureuse enfance,
Ta douceur
De mon cœur
Faisait tout le bonheur !

Adieu, beaux jours,
Et pour toujours !
Adieu, beaux jours !
Adieu..... pour toujours !

SCÈNE III.

MARIE, MADEMOISELLE DE VILLEROY.

Mlle DE VILLEROY

Hé bien, Marie, vous chantez donc toujours le passé, et le présent vous le déplorez sans cesse ?

MARIE.

Oh! c'est que mes souvenirs sont plus doux que tout ce que le monde peut m'offrir.

Mlle DE VILLEROY.

Vous reprendriez donc sans peine votre vie monotone et vos jeux d'enfant.

MARIE.

Oui, et avec bonheur; mes études, mes leçons, mes courses à la campagne, mes fleurs, mes oiseaux, mes papillons, tout cela avait mille fois plus d'attraits pour moi que le luxe et le bruit qui m'environnent. Encore, si les trèves avec le monde étaient longues, j'aurais le temps de me reposer. Mais d'abord ce sont les bals, puis les soirées, puis les représentations à la cour, puis les interminables dîners de cérémonie, puis les fatigantes cavalcades, puis les visites et les réceptions. Oh! ma bonne amie, je vous assure que je trouve insupportable une telle vie.

Mlle DE VILLEROY.

Ce sont, j'en conviens, mon enfant, d'onéreuses obligations; mais puisque votre position vous force à les accepter, il faut le faire avec mérite. Je suis bien aise d'ailleurs de vous voir si peu de goût pour le monde. Cette disposition vous préservera des illusions dangereuses dans lesquelles tombent une

Mlle DE VILLEROY.

Oui, et c'est une grande souffrance pour les nobles cœurs; avant d'avoir acquis la circonspection nécessaire pour ne jamais blesser la droiture et cependant ne pas se brouiller avec le monde, on éprouve un long et douloureux malaise.

MARIE.

Je crois que j'aurai appris avec plus de facilité le français, l'anglais, l'allemand, l'italien, la musique, la peinture et tout ce qui concerne l'instruction d'une femme que cette science du monde si minutieuse et si désespérante.

Mlle DE VILLEROY.

Vous dites vrai. Aussi madame votre mère et moi, aurions bien voulu vous épargner cette étude, mais elle est indispensable à votre position.

MARIE.

Oh! je suis bien fâchée de n'être pas née dans un rang moins élevé; je serais sans doute plus heureuse.

Mlle DE VILLEROY.

Oui, mon enfant, car vous ne passeriez alors que du sérieux des affaires aux douceurs de la famille; vous n'auriez pas à regretter la perte de votre temps et à supporter l'ennui des frivoles plaisirs qui ne laissent bientôt après eux que le vide; mais je vois que nos réflexions nous attristent, faisons-y un peu diversion. Voyons, chantez-moi quelque chose.

MARIE.

Je le veux bien, mais si nous chantions ensemble le duo que vous aimez tant, et dont le sujet est si bien en harmonie avec notre conversation?

Mlle DE VILLEROY.

Oui.

(Elles chantent.)

O toi, qui de ma vie
Toujours fus le bonheur,
Simplicité chérie,
Délices de mon cœur!
Ah! que j'aime ta grâce
Et tes attraits!
La beauté, vite passe,
Mais toi, jamais!

Une rose brillante
Bientôt perd sa fraîcheur;
Une robe élégante,
Son heureuse couleur;
Mais en tout temps ta grâce
A des attraits;
La beauté, vite passe,
Et toi, jamais!

SCÈNE IV.

LES MÊMES, LA DUCHESSE.

LA DUCHESSE

Marie, monte dans ta chambre, mademoiselle de Montfort t'attend.

MARIE.

Oh ! quel supplice !

LA DUCHESSE.

Allons, soyez aimable.

(Marie sort.)

SCÈNE V.

LA DUCHESSE, MADEMOISELLE DE VILLEROY.

LA DUCHESSE.

Madame Duval me quitte ; je lui ai communiqué nos idées, elle les approuve. Non jamais je ne vis une mère plus digne d'avoir un enfant qui la rendît heureuse ; je ne saurais vous dire, ma chère amie, tout ce qu'il y a d'élevé dans son âme et de noble dans son cœur. M. Duval est au moment de réussir dans une entreprise qui lui offre d'immenses avantages pécuniaires. Hé bien, au lieu de se réjouir de passer d'une position modeste à une fortune brillante, madame Duval ne songe qu'aux dangers de ce changement pour sa fille. Oh ! qu'il y a de délicatesse et de générosité dans cette âme ! avec quelle joie je verrais Marguerite lui ressembler !

Mlle DE VILLEROY.

Il faut espérer que Dieu ne refusera pas cette grâce à une mère qui la mérite si bien.

LA DUCHESSE.

J'espère beaucoup ; mais il faut se hâter d'ouvrir les yeux de cette pauvre enfant. Si le monde lui apparaissait dans le faux jour où il lui semble si beau, elle s'y lancerait sans précaution et avec une ardeur qui ne lui permettrait pas d'en voir les dangers.

Mlle DE VILLEROY.

Combien je me réjouis de voir que Marie échappe à son influence, qu'elle conserve ses idées solides et ses goûts simples !

LA DUCHESSE.

Revenons à Marguerite. Approuvez-vous toujours notre stratagème ?

Mlle DE VILLEROY.

Je crois qu'il ne peut manquer de réussir, et puisque madame Duval nous laisse carte blanche, il ne s'agit plus que de nous distribuer les rôles.

LA DUCHESSE.

Naturellement vous conserverez celui que vous voulez bien remplir auprès de Marie.

Mlle DE VILLEROY, souriant.

Grâce au ciel ce n'est pas sérieusement, car je n'ai pas envie de changer d'élève ; mais vous, Madame, quel personnage vous proposez-vous de faire ?

LA DUCHESSE.

Je veux laisser à vous et à Marie les plus intéressants ; je copierai seulement quelque femme du monde, une préfète ou une maréchale d'un genre remarquable.

Mlle DE VILLEROY.

Et que fera Marie ?

LA DUCHESSE.

Elle va devenir la femme de chambre de Marguerite, cela l'amusera beaucoup.

Mlle DE VILLEROY.

Je crois qu'il est temps de songer à nos préparatifs.

LA DUCHESSE.

Oui, allons y sans tarder. (Elles sortent.)

ACTE DEUXIÈME.

La scène se passe dans l'appartement de madame Duval.

SCÈNE I.

MARGUERITE, seule.

Oh ! viens, oh ! viens, ton gracieux sourire
Donne seul le bonheur !
Oh ! viens, oh ! viens, mon âme ne désire

Que ta faveur.
Oh ! viens, viens me sourire, fortune, bonheur !

Ah ! trop longtemps je fus l'image
De la plus simple fleur des champs ;
Dans l'obscurité mon jeune âge
Doit-il passer tous ses printemps ?
Oh ! viens, etc.

Que sur mon front le corail brille ;
Que des rubis ornent mes bras ;
Dans mes cheveux que l'or scintille ;
Qu'on me revête de damas.
Oh ! viens, etc.

Désirs qui consumez ma vie, hélas ! ne serez-vous jamais réalisés? des occupations vulgaires rempliront-elles tous mes jours? Cependant, je sens que j'étais née pour quelque chose de plus noble que des règles d'arithmétique, des soins de ménage et des ouvrages d'aiguille..... Je ne puis dire ce que je souffre de cette fausse position. Une âme grande luttant sans cesse contre de si petits détails, oh ! c'est désespérant ! Que ne suis-je comtesse ou marquise ? Au moins j'aurais une femme de charge, et je ne m'abaisserais plus à ces viletés ! Mais voici l'heure de régler les comptes que mon père m'a chargée de tenir exactement. Allons donc remplir une si fastidieuse tâche. Voilà Thérèse; mets un peu d'ordre dans cette chambre.

(Elle sort.)

SCÈNE II

MADAME DUVAL, THÉRÈSE.

MADAME DUVAL

Oui, ma bonne Thérèse, je suis décidée à prendre tous les moyens pour guérir ma fille de la vanité qui lui est déjà si funeste. Ainsi laisse madame de Richemond tout conduire : elle fut l'amie de ma jeunesse, elle mérite toute ma confiance; tu me retrouveras chez elle où je serai cachée, et où tu te cacheras aussi, pour être témoins invisibles de la leçon utile qu'on prépare. Marguerite se verra dans un monde tout à fait nouveau pour elle; il faut que son illusion soit complète.

THÉRÈSE

Ah! si on pouvait la guérir, cette pauvre enfant, quelle joie ça me ferait! C'est une triste maladie que l'ambition; elle en sèche, la chère petite.

MADAME DUVAL

Marguerite va me croire en voyage. Tu la laisseras ordonner et maîtriser tant qu'elle voudra. Je pense qu'elle usera un peu tyranniquement de son pouvoir, mais prends patience; sa domination ne sera pas longue.

THÉRÈSE

Oh! Madame, vous pouvez compter sur moi; vous

savez bien que je me laisserais mettre les pieds dans le feu pour mademoiselle Marguerite, elle est votre fille, et je l'ai vue naître :

(Elle chante.)

Lorsque ma voix de jeune fille
Chantait auprès de son berceau,
Ah ! que je la trouvais gentille
A l'ombre de son blanc rideau !
Quand de mes chants le doux murmure
Fermait enfin ses petits yeux,
Au doux calme de sa figure,
On eût dit un ange des cieux !

Depuis, si d'une erreur funeste
Son âme, hélas ! est le jouet ;
Si d'un bonheur doux et modeste
Elle ignore l'heureux secret,
Ah ! je la plains, pauvre petite,
Plus que je ne puis la blâmer ;
Toujours pour moi c'est Marguerite,
L'enfant que je savais bercer !

MADAME DUVAL, lui prenant la main

Oui, tu es sa bonne, sa bien bonne ; et j'espère que lorsque son esprit sera sans travers, son cœur retrouvera sa sensibilité et reconnaîtra tes tendres soins. Taisons-nous, la voici.

SCÈNE III,

LES MÊMES, MARGUERITE.

MADAME DUVAL.

Mon enfant, je suis forcée de m'absenter ; une

affaire importante et pressée m'oblige de me rendre tout de suite auprès d'une ancienne amie.

MARGUERITE.

Quoi, maman, vous allez partir? vous allez me laisser seule?

MADAME DUVAL.

Je ne puis t'emmener, mais tu ne seras pas seule, je te laisse avec ta bonne; tu conduiras la maison, et j'espère que je n'aurai qu'à te louer de la manière dont tu auras agi.

MARGUERITE.

Mais, maman, est-ce que vous ne reviendrez pas bientôt?

MADAME DUVAL.

Si, mon enfant, dans très-peu de temps, je serai de retour. Allons, adieu, je suis attendue. Sois bien gentille pour ta bonne qui t'aime tant.

MARGUERITE, *embrassant sa mère.*

Adieu, maman, revenez bien vite.

MADAME DUVAL.

Adieu, chère enfant, je suis curieuse de voir comment tu auras tout dirigé; tu me rendras compte aussi de l'emploi de ton temps. (*Elle sort avec Thérèse.*)

SCÈNE IV.

MARGUERITE, *seule.*

Le départ de maman m'attriste; que peut elle

avoir de si important et de si pressé? Je n'ai pas voulu lui faire de questions, parce qu'il m'a semblé qu'elle n'était pas disposée à y répondre. — Oh sûrement que c'est madame de Bonneval qui l'a priée de venir au mariage de son fils, et maman n'aura pas voulu m'y mener, parce que je n'ai pas de robe assez élégante. Maman, pour elle, il lui est égal d'être très-simplement vêtue; mais elle sait bien que moi, je n'aime pas cela. Au fait, je ne trouve pas du tout convenable qu'elle ait des toilettes aussi mesquines. Oh! si mon père devenait riche, j'espère bien que je ne serais plus habillée comme une petite Cendrillon.— Il n'y a rien qui me dépite comme cela. Ça vous donne un air avare ou pauvre, et je n'aime ni l'un ni l'autre. (Elle ouvre un carton.) Je n'ai pas un chiffon; après quelques simples cols, je ne possède rien, pas une plume, pas une maline, pas une fleur. — Je suis pourtant sûre que la toilette m'irait à ravir!

(Elle chante en se mirant.)

Si la dentelle,
Légère et belle,
Ornait, pour moi, le velours noir;
Si sur ma tête
La blanche aigrette,
Dans une fête,
Tremblait le soir!...
Vraiment, je serais gentille
Comme la fleur des beaux jours;

Et plus d'une jeune fille
Désirerait mes atours....
J'ai l'air véritablement
D'une fille de prince,
De la sœur d'un conquérant,
Et c'est sans compliment.
Ah ! qui dirait pourtant
Que dans le fond d'une province,
J'ai grandi, pauvre enfant,
Loin du riche et du grand?

Il faut dire que je ne suis pas mal dans ma simplicité. — Je suis brune, mais pas trop; de petits yeux, mais vifs et spirituels; la taille moyenne, mais svelte et gracieuse.

(Elle chante.)

Si la dentelle,
Légère et belle,
Ornait, pour moi, le velours noir;
Si sur ma tête,
Dans une fête,
La blanche aigrette
Tremblait le soir,
Vraiment je serais gentille
Comme la fleur des beaux jours;
Et plus d'une fois, jeune fille
Désirerait mes atours.

SCENE V.

MARGUERITE, THÉRÈSE.

MARGUERITE.

Thérèse! Thérèse !

THÉRÈSE.

Mademoiselle!

MARGUERITE.

Est-ce qu'on n'a pas frappé?

THÉRÈSE.

Non, Mademoiselle.

MARGUERITE.

Oh ! je crois que si, allez voir. (Thérèse sort.) Que je voudrais qu'il vînt du monde ! On verrait comme je sais faire les honneurs d'un salon.

THÉRÈSE, rentrant.

Il n'y a personne.

MARGUERITE.

Tant pis !

THÉRÈSE.

Est-ce que Mademoiselle s'ennuie toute seule ?

MARGUERITE.

Un peu. Tiens, j'ai envie d'inviter Clara à dîner.

THÉRÈSE.

Comme Mademoiselle voudra. Madame m'a dit de faire tout ce que voudrait Mademoiselle.

MARGUERITE.

Maman est bien bonne. Hé bien, Thérèse, allez chez madame Limarine et priez-la de permettre que mademoiselle Clara vienne dîner avec moi.

THÉRÈSE.

Et qu'est-ce que Mademoiselle veut? parce qu'en sortant j'irai acheter ce qu'il faudra, et ainsi je ferai d'une pierre deux coups.

MARGUERITE.

Oh! d'abord rien de commun, c'est-à-dire de tout ce que le monde mange.

THÉRÈSE.

Allons, va pour le distingué!

MARGUERITE.

Et d'ailleurs, je ne veux pas que l'on pense que nous visons à l'économie.

THÉRÈSE.

Eh bien! achetons un poulet et des petits pois.

MARGUERITE.

Vraiment, Thérèse, vous vous moquez; il n'y a pas de chiffonnier qui ne dîne avec un poulet, et rien n'est moins de bon genre que des légumes.

THÉRÈSE.

Ma foi, Mademoiselle, ça n'empêche pas qu'un poulet coûte cinq francs.

MARGUERITE.

Voilà une fameuse somme en vérité! je veux des ortolans.

THÉRÈSE.

Soit. Et un petit dindonneau? nous en aurions pour la semaine.

MARGUERITE.

Ne te mêle pas de cela; d'abord c'est beaucoup trop gros.

THÉRÈSE.

J'ai pourtant dit dindonneau pour ne pas tomber sur le dindon.

MARGUERITE.

Sur une table bien servie, on n'offre que de petits mets tout mignons, et on ne mange pas plus gros qu'un œuf de pigeon de chacun d'eux, mais par exemple, de vingt-cinq espèces différentes, au moins.

THÉRÈSE.

Oh! ben! Mademoiselle, c'est que, moi, je croyais que plus on est riche, plus on doit manger.

MARGUERITE.

Que tu as donc des idées grossières, ma bonne! Mais laisse papa faire fortune, je te formerai, moi.

THÉRÈSE.

J'avoue que j'en ai besoin. Eh bien, voulez-vous des alouettes?

MARGUERITE.

Attendez, laissez-moi chercher? Les alouettes, ça court les rues et les champs; quelque chose de plus distingué: des cailles.

THÉRÈSE.

Bon.

MARGUERITE.

Un faisan.

THÉRÈSE.

Bon.

MARGUERITE.

Un pâté de Strasbourg et un de Périgueux. Nous verrons quel sera le meilleur; mais nous ne ferons que goûter de chaque chose.

THÉRÈSE.

Avec tout ça vous pourriez bien avoir faim après votre dîner; mais le bon ton veut qu'on essaye de tout et qu'on ne mange de rien, puisque vous le dites, Mademoiselle......

MARGUERITE.

Prends patience, nous ne sommes pas au bout, et ne m'interromps plus, tu me fais perdre mes idées. (Réfléchissant.) Il me faut un saumon, un perdreau, des bécasses, et enfin le superfin de tout ce qu'il y a de plus fin chez Chevet; seulement, que tout soit aux truffes.

THÉRÈSE.

Certes, nous avons bien besoin que Monsieur réussisse dans ses affaires. Sans cela, si vous continuiez d'être maîtresse de maison pendant quinze jours seulement, nous pourrions bien aller à l'hôpital faire la digestion de toutes ces raretés-là.

MARGUERITE.

Que vous êtes simple! vous feriez mieux de vous taire. Maman m'a laissé beaucoup d'argent.

THÉRÈSE.

C'est vrai, je ne suis qu'une pauvre sotte.

MARGUERITE.

Assez...... allez, Thérèse.

THÉRÈSE.

Mademoiselle veut-elle qu'avant de sortir je lui donne quelque chose à boire? Elle paraît bien fatiguée.

MARGUERITE.

Oui, volontiers.

THÉRSE, revenant avec un bol.

Voilà. (Marguerite boit.) Et maintenant, Mademoiselle, je vous demanderai de l'argent.

MARGUERITE.

Je vais en chercher. (Elle sort.)

THÉRÈSE, seule.

La chère demoiselle ne s'en doute pas; mais elle vient d'avaler une bonne infusion de pavot qui jouera son rôle dans le tour qu'on lui prépare.

MARGUERITE, revenant et lui donnant l'argent.

Tenez, partez à présent.

(Thérèse sort.)

Seulement d'une préfecture
Il faut souhaiter le salon.
Argent, laquais, chevaux, voiture
Valent encor mieux qu'un grand nom.

(Elle s'assied.) Ah ! que je suis fatiguée ! — Ce n'est pas étonnant, j'ai été si longtemps en représentation ! — Ce doit être difficile d'être maîtresse d'une grande maison. — Après cela, on prend l'habitude; puis on n'a sans doute qu'à ordonner, on dit : Allez, c'est bien, c'est mal, recommencez, on a tant de gens sous ses ordres. — Ah ! qu'il fait lourd, nous aurons de l'orage. (Elle se tait un moment.) Il faut que je chante encore un peu pour me réveiller. — Je pensais à être duchesse, j'y pense toujours.

Mais ce charmant nom de duchesse,
Hélas ! il me fuit pour jamais...
Pourtant, ingrat, avec tendresse,
Depuis longtemps je vous aimais !
Pour prix de mes vœux, de mes larmes,
Vous deviez m'appartenir,
A mon cachet prêter vos armes,
A mon nom partout vous unir.

(Elle bâille et s'assied.) Je m'ennuie ! (Elle bâille encore.) Je m'endors. (Elle penche la tête en murmurant.)

A mon cachet prêter vos armes,
A mon nom partout vous unir.

ACTE TROISIÈME.

La scène se passe dans l'appartement de la Duchesse.

SCÈNE I.

Marguerite endormie sur un fauteuil placé sur le devant du théâtre. — Derrière elle chantent mademoiselle de Villeroy et Marie. On aperçoit, de temps en temps, dans la coulisse la tête de la duchesse, de madame Duval et de Thérèse.

I.

Que ton sommeil s'achève,
Un jour charmant se lève!
Il vient plein de douceurs
Te prodiguer ses fleurs.
Accepte ses largesses,
Jouis de ses richesses;
Il vient plein de douceurs
Te prodiguer ses fleurs.
Vogue; à ta blanche voile
Le bonheur est venu
Attacher son étoile.
Enfant, nous l'avons vu!

MARGUERITE.

Qu'entends-je? d'où viennent ces chants? (Elle écoute.) Quelle douce mélodie! quelles étranges paroles! (Elle crie.) Qui chante là? Oh! c'est que je rêve. — Voyons, dormons encore un peu.

(On continue à chanter.)

II.

De ton âme inquiète,
Que la douleur secrète,
Termine enfin son cours.
Souris à de beaux jours!
Le plaisir et ses charmes
Viennent tarir tes larmes;
Souris à de beaux jours,
Ils commencent leur cours.
Vogue; à ta blanche voile,
Le bonheur est venu
Attacher son étoile.
Enfant, nous l'avons vu!

MARGUERITE.

Est-ce à moi que s'adressent ces chants? Oh la singulière chose! — Mais où donc suis-je? Je ne connais pas ce salon. — Quels beaux meubles! je suis donc chez une reine? — Ah! comme je suis habillée! — Quelle robe! (Elle tâte sa robe.) C'est du damas! (Elle tâte sa tête.) Des plumes! une aigrette! (ses bras.) Qu'ai-je donc là? (Elle regarde.) quels bijoux! — Je rêve!... Thérèse! Thérèse! ma bonne, venez vite!.. — Elle ne me répond pas... — Elle n'est pas ici. (Elle regarde autour d'elle.) Oh! mais je commence à avoir peur! — Certainement je ne suis pas chez ma mère, je ne connais pas ces lieux! — je n'ai jamais été vêtue avec cette magnificence! — Si je n'étais pas Marguerite? (Elle se tâte le visage.) Mais si c'est bien moi. — Apparemment que je dors encore! car je sais qu'on peut dormir les yeux ouverts, je le sais! — Ah! si j'étais devenue somnambule!.... Ciel, quel malheur!.... Maman! Maman!

SCÈNE II.

MARGUERITE, MARIE.

MARIE.

Que désire Mademoiselle?

MARGUERITE.

Qui êtes-vous, s'il vous plait?

MARIE.

Mais, Mademoiselle, je suis votre femme de chambre.

MARGUERITE.

Jamais je n'ai eu de femme de chambre, je n'ai qu'une bonne qui se nomme Thérèse.

MARIE.

Je n'ai jamais vu ici que la cuisinière Gertrude, Nanette, la femme de chambre de madame votre mère, le cocher, les laquais et les valets.

MARGUERITE.

Où suis-je donc?

MARIE.

Chez vous, chez madame votre mère, la duchesse de Richemond.

MARGUERITE.

Oh ! par exemple, voilà un épouvantable mensonge ! Je suis bien fâchée de vous le dire ; mais pourquoi me trompez-vous ?

MARIE.

Mais, Mademoiselle, vous m'inquiétez vraiment ; je crains que vous n'ayez la fièvre ; je vais chercher votre gouvernante.

MARGUERITE.

Amenez-moi maman, je vous en supplie !

MARIE.

Mais Mademoiselle a donc oublié que Madame est allée recueillir la succession de M. le marquis de la Boule-Noire, votre grand-oncle, qui est mort, il y a six mois.

MARGUERITE.

Quelles histoires vous me contez ? (Elle se frotte les yeux.) Que c'est ennuyeux de dormir toujours !

MARIE.

Mais, Mademoiselle, vous ne dormez pas.

MARGUERITE.

Vous croyez ? voyons, mordez-moi, je vous prie, le bout du petit doigt que je voie si je le sentirai.

MARIE, prenant le doigt.

Je crains de faire mal à Mademoiselle.

MARGUERITE.

N'ayez pas peur, mordez toujours. (Marie mord légèrement.) Aïe! Donc je suis bien réveillée. Ah! c'est que je suis bien malade peut-être? Oh! si j'allais mourir sans voir maman! (Elle pleure).

MARIE, lui prenant la main.

Ah! Mademoiselle, je vous en prie, ne vous effrayez pas: on a souvent vu un accès de fièvre faire perdre la mémoire et puis cela revient. Je vais chercher votre gouvernante.

(Elle sort.)

MARGUERITE, seule.

Quel prodige! et que faire? je veux m'en aller! (Elle essaie de sortir).

SCÈNE III.

MARGUERITE, MARIE, Mlle DE VILLEROY.

Mlle DE VILLEROY.

Bonjour, ma chère enfant: avez-vous bien dormi?

MARGUERITE, bas à Marie.

Quelle est cette dame?

MARIE.

C'est votre gouvernante, mademoiselle de Villeroy.

MARGUERITE.

Madame, je vous prie de me faire conduire à la maison tout de suite?

MARIE.

Mais, Mademoiselle, vous y êtes.

MARGUERITE.

Moi, je suis sûre que je n'y suis pas.

Mlle DE VILLEROY, souriant.

Oh! la petite malicieuse! voyons, embrassez-moi.

MARGUERITE, se laissant embrasser.

Je le veux bien; mais rendez-moi maman, et dites-moi où est Thérèse?

Mlle DE VILLEROY.

Chère petite, votre maman arrive demain soir, elle m'a chargée de vous dire de bien vous amuser; d'aller partout où vous voudriez avec moi, et de faire tout ce qui vous ferait plaisir.

MARGUERITE.

Maman sait donc que je suis ici?

Mlle DE VILLEROY.

Sans doute, et vous n'avez qu'à exprimer vos désirs; ils peuvent s'accomplir tous.

MARGUERITE.

Oh! ce ne serait pas si facile!

Mlle DE VILLEROY.

Qu'est-ce que vous voudriez donc ?

MARGUERITE.

Je voudrais aller au bal tous les jours ; au spectacle ; recevoir de belles visites ; avoir de superbes toilettes, des laquais, des équipages, et....

Mlle DE VILLEROY.

Et ?

MARGUERITE.

Et... Oh c'est impossible !

Mlle DE VILLEROY.

Voyons, dites toujours.

MARGUERITE.

Hé bien ! je voudrais être duchesse.

Mlle DE VILLEROY.

Mais vous l'êtes.

MARGUERITE.

Cela se fait comme ça ?

Mlle DE VILLEROY.

Certainement. On ne l'est pas d'abord ; puis on le devient, il y a commencement à tout ; votre maman vous expliquera cela.

MARGUERITE, à part.

Je suis duchesse !

Mlle DE VILLEROY, bas à Marie.

Il faut renoncer à essayer de lui persuader qu'elle

a toujours été duchesse, nous n'en viendrions pas à bout; il faut lui faire accroire qu'elle l'est devenue ; vous voyez que ce ne sera pas difficile, c'est une enfant à imagination.

MARIE, à part.

Oui, et elle est terriblement exaltée.

MARGUERITE, toujours à part.

Je suis duchesse!... Comment cela s'est-il fait? Apparemment que papa aura fait fortune tout d'un coup. Enfin puisque maman me dira tout cela, je serais bien sotte de ne pas profiter de tous les plaisirs qui vont nécessairement m'environner. Je les ai souhaités assez longtemps! (A mademoiselle de Villeroy.) Madame, je suis donc duchesse décidément?

Mlle DE VILLEROY.

Mais, oui, mon enfant, vous pourriez même devenir archiduchesse.

MARGUERITE.

Oh! que c'est drôle, mais c'est charmant; je suis duchesse! C'est donc pour moi qu'on chantait : « Le bonheur est venu, enfant, nous l'avons vu! Vogue, vogue.... » Eh bien! (Elle chante.)

Puisqu'il le faut, sur cette belle plage,
Sous l'azur d'un beau ciel, avançons sans orage.
Dans ce monde brillant tant aimé de mon cœur,
Va se réaliser le rêve du bonheur!

Mlle DE VILLEROY.

Oui, vous êtes duchesse de Richemond de Coucy.

MARGUERITE.

Ce nom de Richemond me plaît assez; il veut dire qu'on est élevé et riche. Et que peut-on faire quand on veut s'amuser comme s'amusent les duchesses?

Mlle DE VILLEROY.

Il faut donner des ordres; prendre les leçons convenables à une haute position, ainsi de musique, de peinture, de langues étrangères.

MARGUERITE.

Ce ne doit pas toujours être très-amusant!

Mlle DE VILLEROY.

J'en conviens, mais c'est indispensable dans un rang tel que le vôtre.

MARGUERITE

Pourquoi faire?

Mlle DE VILLEROY.

Pour faire un brillant mariage.

MARGUERITE.

On peut, ce me semble, faire un mariage brillant en ne parlant que d'une ou deux manières.

Mlle DE VILLEROY.

Pardonnez-moi, dans une fortune moins grande, oui; mais dans la vôtre, non. Vous épouserez sûrement un homme d'Etat, donc il y a pour vous urgence à parler les langues de toutes les cours; car on ne peut prévoir dans laquelle vous aurez à suivre votre époux; puis, quand même il serait possible de de le préciser, il faudrait pour avoir une éducation digne de votre naissance, tout savoir à peu près. Vous voyagerez beaucoup; le moyen de se trouver sans cesse avec des gens que l'on ne peut entendre?

MARGUERITE.

Oh! par exemple, je pourrais bien n'aller que dans un ou deux pays dont je connaîtrai le langage.

Mlle DE VILLEROY.

Vous vous priveriez d'abord de très-grands plaisirs; rien n'est plus délicieux que de parcourir le monde et d'en admirer les beautés.

MARGUERITE.

C'est amusant; mais c'est égal, je crois que j'aimerais mieux m'en passer que d'apprendre tant de choses.

Mlle DE VILLEROY.

Je vous ferai comprendre, un peu plus tard, comment la science est indispensable à votre haut rang; mais d'abord, voyons, voulez-vous déjeuner, mon cher ange?

MARGUERITE.

Je le veux bien. A vrai dire, je me meurs de faim; hier, comme j'allais dîner, je crois me souvenir que je me suis endormie, et depuis je ne sais pas ce qui m'est arrivé, mais je me sens l'estomac défaillir !

Mlle DE VILLEROY.

Marie, appelez Nanette pour servir à déjeuner à Mademoiselle.

MARIE.

Mais, comme Mademoiselle a été souffrante ce matin, il faudrait peut-être aller consulter M. le docteur pour savoir s'il faut qu'elle mange.

MARGUERITE.

Oh ! je n'ai pas besoin de médecin, je sens bien que j'ai faim.

Mlle DE VILLEROY.

Patience : les duchesses ont besoin de ménager leur santé ; elles sont naturellement fort délicates ; ma petite chérie, en attendant la réponse du docteur, prenons une leçon de chant. Voyons, filez des sons ; faites des ah !

MARGUERITE.

Ah !... Ah !... (Sur la gamme.)

Mlle DE VILLEROY.

Encore, ouvrez plus la bouche.

MARGUERITE.

Ah !... Ah !...

Mlle DE VILLEROY.

La bouche doit atteindre sa plus grande dimension pour donner au son un velouté parfait.

MARGUERITE.

Ah!... Ah!... Mais je me disloque la mâchoire! (Elle bâille.) Et puis cela me cause d'affreux bâillements.

Mlle DE VILLEROY.

Après avoir fait cet exercice deux ou trois heures de suite par jour, pendant un mois, vous y serez parfaitement habituée.

MARGUERITE.

Oh! j'aime mieux ne jamais savoir chanter.

Mlle DE VILLEROY.

Ma chère enfant, vous ne pouvez pas plus vous passer de bien chanter que de l'usage de votre main droite; que feriez-vous dans les concerts où vous serez forcée de vous rendre? Vous auriez l'air d'une idiote. Voyons, un peu d'italien.

MARGUERITE

Oh! je vous en prie, grâce pour l'italien.

Mlle DE VILLEROY.

Mais, c'est une langue ravissante et indispensable au chant; elle est si harmonieuse! enfin nous nous en occuperons demain. Etudions l'anglais.

MARGUERITE.

Je n'aime pas les Anglais, et ne veux d'ailleurs jamais aller en Angleterre attraper le spleen.

Mlle DE VILLEROY.

Vous ne sauriez vous passer de l'anglais : 1° parce que votre mari peut être ambassadeur en Angleterre ; 2° parce que cette langue est tout à fait de mode ; 3° parce que la politique vous en fait un devoir.

MARGUERITE.

Oh ! par exemple, je ne m'attendais guère à voir la politique en cette affaire.

Mlle DE VILLEROY.

Ecoutez, s'il vous plaît : (Elles s'asseyent,) vous l'avez appris dans l'histoire : jamais les Français et les Anglais n'ont eu de sympathie. Ce sont cependant de très-proches voisins ; dans quelques heures ils peuvent être chez nous ; donc il faut être poli avec eux ; car quand ils sont piqués, ils sont fort peu aimables ; nous avons de bien bonnes raisons de nous en souvenir. Hé bien ! c'est une gracieuseté à leur faire que de parler leur langage ; aussi tout le grand monde doit le savoir. Cela leur évite de petits heurtements d'amour-propre. Vous n'ignorez pas qu'ils ont un vrai talent pour écorcher le français, et en leur parlant anglais on leur épargne la gaucherie qui leur est si naturelle de mettre au masculin tout ce qui est au féminin, et au féminin tout ce qui est au masculin.

MARGUERITE.

Tant pis pour leur orgueil; je ne me donnerai pas tant de peine pour le ménager.

Mlle DE VILLEROY.

Et s'ils allaient nous faire la guerre! et s'ils allaient nous refuser le sucre, le café, l'indigo que nous fournissent leurs colonies? Mais si l'empereur savait que mademoiselle de Richemond refuse d'apprendre l'anglais, il serait fort mécontent et pourrait bien disgracier sa famille.

MARGUERITE.

L'empereur ne le saura pas.

Mlle DE VILLEROY.

Comment? l'empereur sait tout, et s'il vous fait l'honneur de vous adresser la parole en anglais, vous ne pourrez donc pas lui répondre? Quelquefois, à la cour mon enfant perdre une occasion pareille, c'est perdre sa fortune et celle de sa postérité.

MARGUERITE.

Je vais donc aller à la cour! Oh! je consens alors à apprendre le grec, le latin, le turc, le chinois, car je me fais de la cour l'idée la plus magnifique! Je vais à la cour, à la vraie cour! à la grande cour! à la cour impériale.

Mlle DE VILLEROY.

Oui, vous allez, paraître à la cour de l'empereur,

vous y verrez la jeune impératrice et les dames du palais.

MARGUERITE, chantant.

Oui, je vous l'avouerai,
J'en conviendrai,
Je suis ravie !
Et déjà de cœur,
Je crie :
Vive, vive l'empereur !

SCÈNE IV.

LES MÊMES, MARIE.

MARIE

J'apporte la réponse de M. le docteur.

MARGUERITE.

Donnez, vite.

Mlle DE VILLEROY lisant.

« Comme l'espèce d'accès délireux qu'a éprouvé « mademoiselle de Richemond indique une dispo- « sition fébrile; que d'ailleurs cela démontre que « les vaisseaux de la tête sont un peu embarrassés, « et la région de l'estomac un peu fatiguée, elle ne « prendra aujourd'hui que des infusions de fleurs « d'oranger et un œuf frais. »

MARGUERITE, déchirant le billet,

Ce sont des paroles en l'air, je meurs de faim et je veux manger.

Mlle DE VILLEROY.

Ma chère petite, un tout autre jour ce serait peut-être possible à risquer ; mais songez que ce soir vous devez aller au bal chez l'impératrice. Il est donné à l'ambassadeur de la *Sublime Porte*, donc ne pas s'y trouver, ce serait manquer au Grand Turc, et la politique le défend. Or si vous alliez vous faire mal, il n'y aurait pas moyen d'y paraître, d'ailleurs.......

On admire, au palais,
Une taille élégante ;
Au moyen des œufs frais,
On la garde charmante.
A jamais, à toujours,
Ils doivent être vos amours.

MARGUERITE.

Cependant pour plaire à Sa Majesté, je ne serai pas obligée sans doute de tomber en défaillance? La faim est, dit-on, une mauvaise conseillère, et quoique je ne sois pas naturellement méchante, je pourrais bien, si l'on me poussait à bout, envoyer promener la politique de tous les cabinets de l'Europe,

Mlle DE VILLEROY.

Vous ne mourrez pas, soyez tranquille, mais il faut vous ménager. Marie, donnez à Mademoiselle le plus petit œuf frais de la plus petite des poules.

MARIE.

Oui, Mademoiselle. (Elle sort.)

MARGUERITE.

Ce ne sera pas très-restaurant.

Mlle DE VILLEROY.

Hélas vous ne sauriez
Manger et rester mince,
Sinon vous gagneriez
L'air pesant de province.
A jamais, à toujours,
Il faudrait déserter les cours.

Mlle DE VILLEROY.

Allons manger l'œuf. (Elles sortent.)

MARIE, rentrant.

Il est prêt.

SCÈNE V.

LA DUCHESSE, Mme DUVAL, MARIE.

Mme DUVAL.

Je crois que Marguerite commence à en avoir assez.

LA DUCHESSE.

Oh! il faut absolument la désenchanter tout à fait. Pauvre petite! elle n'aura encore qu'une bien faible exquisse de nos continuelles contrariétés.

MARIE.

Elle ne sait pas de quel ennui sont les visites des femmes élégantes, qu'elle désire tant.

LA DUCHESSE.

Nous allons lui en donner un petit aperçu. Marie, tu vas annoncer la maréchale de Villars, et ma nièce Constance, qui vient de nous arriver, passera pour ma fille et copiera mademoiselle de Montfort. J'ai pensé aussi que Nanette, ma femme de chambre, pourrait remplir le rôle d'une marchande de modes à beau langage.

Mme DUVAL.

Je crois, Madame, qu'il vous sera difficile d'ennuyer Marguerite; comment allez-vous vous y prendre?

LA DUCHESSE.

Oh! soyez tranquille! elle a de l'esprit; cela suffit pour que je puisse lui être insupportable avec mon rôle de femme du grand monde; mais j'entends du bruit; disparaissons. (Elles sortent.)

SCÈNE VI.

MARGUERITE, Mlle DE VILLEROY.

MARGUERITE.

Moi, j'ai encore faim.

Mlle DE VILLEROY.

Allons, mon petit cœur, n'en parlons plus; soyez raisonnable, il faut faire noblement ce sacrifice à l'empereur.

MARGUERITE.

Oh! Je crois qu'il m'en aura une grande obligation; il ne le saura seulement pas!

Mlle DE VILLEROY.

On trouvera peut-être un jour moyen de le lui glisser quand il daignera honorer monsieur votre père d'un entretien.

SCENE VII.

LES MÊMES, MARIE.

MARIE, entrant.

Madame la maréchale de Villars et mademoiselle sa fille.

MARGUERITE.

Que faudra-t-il leur dire?

Mlle DE VILLEROY.

Il faudra leur parler de cavalcades, de fêtes, de parures.

MARGUERITE.

Oh bien! je serai là sur mon terrain, à la bonne heure.

SCÈNE VIII.

MARGUERITE, Mlle DE VILLEROY, LA MARÉCHALE ET CONSTANCE.

LA MARÉCHALE.

Bonjour, mon petit bijou, que vous êtes donc pâle ! seriez-vous souffrante?

MARGUERITE.

Non, Madame, maison ne veut pas que je mange.

LA MARÉCHALE.

Pauvre agneau! mademoiselle de Villeroy, faites-lui donc gargariser de l'eau de Chine; c'est un des meilleurs cordiaux. Mon cœur, vous venez au bal ce soir, malgré votre malaise ?

MARGUERITE.

Oui, Madame, et j'en suis bien contente, je vous assure.

LA MARÉCHALE.

Constance, regarde-la donc; ça lui va à ravir d'être pâle!

CONSTANCE, baissant et levant les yeux.

Oui, c'est le fard des brunes, la pâleur.

LA MARÉCHALE.

Ma mignonne, avez-vous lu le délicieux roman qui vient de paraître?

CONSTANCE.

Vous avez dû y reconnaître la baronne de Valcey peinte au naturel dans cette coquette, sotte et ridicule, qui y joue un grand rôle.

MARGUERITE.

Je ne l'ai pas lu, Mademoiselle, mais vous ne l'aimez donc guère, cette baronne de Valcey?

CONSTANCE.

Oh! vraiment non, je ne l'aime pas; elle est si prétentieuse! puis sa tournure et sa physionomie me déplaisent.

MARGUERITE.

Je conçois qu'une figure charmante et de la grâce peuvent prévenir en faveur de quelqu'un; mais j'avoue que je ne pourrais le haïr, parce qu'il n'aurait pas ces avantages.

CONSTANCE.

Véritablement vous parlez comme un petit docteur : il ne vous manque que le bonnet.

MARGUERITE.

Je n'ai pas voulu vous blesser, Mademoiselle, mais cette pauvre baronne, la voyez-vous souvent?

CONSTANCE.

Oh! beaucoup; maman est obligée de l'accabler de politesses, parce qu'elle a une cousine très-riche, que nous voudrions faire épouser à un de mes frères.

MARGUERITE.

Vous êtes donc forcée d'avoir de continuels rapports avec une personne que vous n'aimez pas et que vous paraissez même ne pas estimer?

LA MARÉCHALE.

Mais d'où venez-vous, ma belle enfant ? On dirait que vous sortez d'un village; vous avez donc oublié les mœurs et les coutumes du monde? Se haïr et se traiter en amis, vous savez bien que c'est une de ses habitudes.

MARGUERITE.

Oh ! non ; je ne pourrai jamais dire du mal de quelqu'un en son absence, et le bien traiter en sa présence.

CONSTANCE.

Mais, Marguerite, allez donc embellir les champs, alors. Savoir dissimuler, c'est le vrai talent et la plus utile qualité d'une femme du monde.

MARGUERITE.

Ce n'est pas comme cela que parle maman.

CONSTANCE.

Nous avons demain un dîner à la cour; en êtes-vous?

MARGUERITE.

Je ne sais pas.

CONSTANCE.

Il faut une toilette ébouriffante.

LA MARÉCHALE.

Quant à nous, nous mettrons trois mille francs pour nos robes, pas plus. D'abord cette année, je suis ruinée ; j'ai changé quatre fois d'équipage : M. de Villars est mécontent, mes chevaux sont malades, j'ai des créanciers qui ne veulent pas attendre; aussi, le dîner donné, je me sauve à la campagne pour six mois.

CONSTANCE.

Oui, et ce n'est pas gai, je vous assure, d'aller faire une si longue pénitence : non que je haïsse mortellement la campagne, mais quand on est habituée au grand monde, le calme vous tue. Le repos donne à ma pauvre mère de continuelles migraines, et à moi des fièvres désolantes.

MARGUERITE, bas, à mademoiselle de Villeroy.

Est-ce qu'elles ne s'en iront pas bientôt? Elles m'ennuient.

Mlle DE VILLEROY, bas, à Marguerite.

Dans une petite heure, apparemment.

MARGUERITE, bas.

Oh ! ciel, je voudrais aller au bois de Boulogne.

Mlle DE VILLEROY, bas, à Marguerite.

Dans le monde, il faut savoir s'ennuyer avec grâce.

LA MARÉCHALE, bas à Constance.

J'ai dit que je suis ruinée, espérant que sa mère me prêterait de l'argent.

CONSTANCE, bas, à sa mère.

Je crois que ce sera inutile, elle est si avare !

MARGUERITE, bas, à mademoiselle de Villeroy.

Est-ce qu'elles sont venues pour recourir à la bourse d'autrui ?

Mlle DE VILLEROY, bas, à Marguerite.

C'est probablement à ce motif que nous devons leur aimable société.

LA MARÉCHALE.

Mon petit ange, chantez-nous quelque chose.

Mlle DE VILLEROY.

Oh! ce n'est pas possible, elle est trop souffrante; mais que mademoiselle Constance nous fasse ce plaisir.

LA MARÉCHALE.

Chante, mon cœur.

CONSTANCE, bas.

C'est bien la peine, il n'y a là personne pour m'applaudir.

LA MARÉCHALE, bas.

Sois aimable. Je veux arriver à me faire prêter de l'argent.

(Constance, fait des mines.)

MARGUERITE, bas.

Que fait-elle qu'elle ne commence?

Mlle DE VILLEROY, bas.

Des mines; elle croit que c'est le bon genre.

MARGUERITE, bas.

C'est fort amusant pour ceux qui attendent : (Haut.) Voyons, Mademoiselle, voulez-vous chanter ou non? nous vous attendons.

CONSTANCE.

Mademoiselle, ma voix est assez fraîche et assez exercée pour valoir la peine d'être attendue quelques minutes. (Bas.) Quelle petite Iroquoise!

LA MARÉCHALE, bas.

Souviens-toi qu'il nous faut de l'argent.

CONSTANCE, bas.

Qu'il faut donc faire de sacrifices à la fortune!

LA MARÉCHALE.

Que vas-tu chanter?

CONSTANCE.

J'improviserai.

LA MARÉCHALE.

Elle a des à-propos!...

MARGUERITE.

Voyons.

CONSTANCE, chantant.

Paquerette,
Ma pauvrette,
Je te plains de tout mon cœur!
Hélas! sous la verdure
Passe ta vie obscure,
Simple fleur!

Moi, du printemps l'amour,
Des fleurs, reine charmante;
Vois, je brille au grand jour,
De beauté ravissante!

Paquerette,
Ma pauvrette,
Je te plains de tout mon cœur!
Hélas! sous la verdure
Passe ta vie obscure,
Simple fleur!

Ainsi parlait la rose altière,
Au sein d'un élégant parterre;
Quand l'ouragan impétueux
Vint briser sa tige légère,
Et joncher au loin la poussière
De ses pétales orgueilleux!

LA MARÉCHALE.

Parfait! parfait!

Mlle DE VILLEROY.

Mademoiselle a une voix charmante.

LA MARÉCHALE.

Je lui ai fait donner des leçons par les plus grands

maîtres. N'est-ce pas, Marguerite, qu'elle chante à merveille?

MARGUERITE.

Oui, Madame.

SCÈNE IX.

LES MÊMES, MARIE.

MARIE.

Monsieur de Villars fait prévenir madame de Villars que le prince de Lichtenchten vient de descendre chez elle.

LA MARÉCHALE.

J'y cours. Adieu Mesdames.

CONSTANCE.

Adieu, jolie Marguerite. (Elles sortent.)

SCÈNE X.

MARGUERITE, Mlle DE VILLEROY.

MARGUERITE.

Oh! quel bonheur! les voilà parties! Elles m'ennuyaient à mourir!

Mlle DE VILLEROY.

Ce sont pourtant, dit-on, les plus aimables femmes du monde.

MARGUERITE.

En ce cas les autres doivent être bien assommantes ! Quelle dissimulation perpétuelle ! Mais enfin, je ne veux pas juger la société par cet échantillon ; je veux être plus charitable. On a beau dire, je ne crois pas le monde aussi méchant, aussi trompeur qu'on le fait ; il est vrai que jusqu'à présent je me suis bien ennuyée aujourd'hui ; mais aussi je ne suis pas encore allée au bal. Oh ! le bal, c'est le plus grand de tous les plaisirs ; et chez l'impératrice encore !

MARGUERITE, *chantant.*

Commencez, ô fête brillante,
Dans un salon impérial ;
Remplissez enfin mon attente,
Du bonheur soyez le signal !

Que reine d'élégance,
De grâce et de beauté,
De ma légère danse,
Chacun soit enchanté !
Commencez, etc., etc.

J'aime la pastourelle,
L'été, le pantalon
Et la poule fidèle
Aux archets de bon ton.
Commencez, etc., etc.

J'aime le passe-passe,
Le poli dos-à-dos,
Et le solo d'en-face
Qui vous laisse un repos,
Commencez, etc., etc.

SCENE XI.

MARIE, entrant.

Mademoiselle veut-elle songer à sa toilette?

Mlle DE VILLEROY.

Oui, nous y allons.

ACTE QUATRIÈME.

La scène se passe dans l'appartement de madame la duchesse de Richemond.

SCÈNE I.

MARGUERITE, seule, boitant et gagnant un fauteuil.

Je n'en puis plus, je suis harassée! (elle bâille.) Je dormirais debout, tant le sommeil m'accable! Voyons si l'on voudra bien me donner un lit. — On ne se presse guère.... Apparemment que ces dames-là sont de fer; car, à coup sûr, si elles étaient de ma nature, elles ne tiendraient pas longtemps à une telle vie.... Aïe! aïe! mais quelle crampe dans le pied! — Certes, ce n'est pas étonnant, on m'a mis des souliers trop courts et trop étroits; et ce qu'il y a de bon, c'est qu'on voulait me persuader qu'ils étaient trop longs et trop larges. — J'ai un mal de tête fou! je le crois bien; j'ai vingt-cinq épingles qui me tiraillent les cheveux, chacune de son côté. — Je suis si serrée dans ma robe que j'étouffe presque. — Encore, cela n'est rien auprès de tout ce que j'ai eu à souffrir de sottes railleries. — Quel monde ridicule! j'aurais bien voulu être sourde. — Ces braves gens s'imaginent que, parce que les archets font du bruit, on ne les entend pas, et ils parlent tout haut à votre oreille. — C'est bien la peine assurément pour vous dire des choses aussi agréables!

SCÈNE II.

Mlle DE VILLEROY, MARGUERITE.

Mlle DE VILLEROY.

Ma chère petite, allez vous reposer quelques heures, et puis nous prendrons une leçon de peinture, et d'italien. Ensuite vous ferez votre toilette pour aller à la soirée de la duchesse de L'Aîne, au bal de la comtesse d'Elzès et à celui de la marquise de Saint-Marc.

MARGUERITE.

Oh! Mademoiselle, je vous remercie; mais je suis trop lasse pour recommencer une nuit pareille à celle que je viens de passer; et quand j'aurais dormi depuis hier, je ne serais pas de force à danser dans trois bals en un jour.

Mlle DE VILLEROY.

Comment, vous êtes fatiguée? Si jeune que cela? il faut si peu de chose pour vous abattre?

MARGUERITE.

Mais, Mademoiselle, je vous prie de vouloir bien vous souvenir qu'après une séance de deux heures au spectacle, j'ai dansé jusqu'à cinq heures du matin sans quitter le parquet. Je ne suis pas habituée à un si violent exercice. Oh ! certes, oui, je suis fatiguée, moulue, anéantie!

Mlle DE VILLEROY.

Cependant, mon petit ange, il faut absolument aller, ce soir, chez les personnes qui vous attendent; l'intérêt et la politique ne permettent pas de....

MARGUERITE.

Oh ! que l'intérêt et la politique aillent se promener. On ne parle plus que de cela. Voyons, suis-je duchesse ou non? Si je le suis, je dois être riche et indépendante ; si je ne le suis pas, je n'ai rien à démêler avec les gens dont vous me parlez.

Mlle DE VILLEROY.

Vous n'êtes pas très-aimable, Marguerite!

MARGUERITE.

C'est vrai, mais aussi pourquoi me pousser à bout?

Mlle DE VILLEROY.

Mais, ma chère enfant, qu'ai-je fait? Voyons, y a-t-il au monde un bal où l'on ait le talent de sauter toute la nuit sans se fatiguer?

MARGUERITE.

Je ne dis pas cela, mais.....

Mlle DE VILLEROY.

Mais, quoi, voyons?

MARGUERITE.

Alors, il ne fallait pas me persuader que j'allais tant, tant m'amuser; tenez, sincèrement, voilà ce qui me dépite, c'est qu'on m'ait ainsi trompée; je suis franche, et je veux qu'on le soit avec moi.

Mlle DE VILLEROY.

Soyez juste, Marguerite, quelle est la personne qui vous avait donné une si grande idée du plaisir qu'on éprouve au bal? Allons, de la sincérité.

MARGUERITE.

Je sais bien que c'est moi.

Mlle DE VILLEROY.

Alors il ne faut pas accuser les innocents.

MARGUERITE.

Eh bien, j'ai eu tort ! Mais, pourquoi le monde est-il si méchant ? j'espère que ce n'est pas ma faute ?

Mlle DE VILLEROY.

(Elle chante.)

De ses propos, de sa noire malice
Pas plus que vous je ne suis le garant ;
De sa critique et de son artifice,
Vous m'accusez à tort, ma chère enfant !

Que voulez-vous ? c'est là son caractère,
Et nul jamais ne peut le corriger ;
S'il prend d'abord l'air de vouloir nous plaire,
Ah ! c'est encor pour mieux nous déchirer.

De ses propos, etc.

MARGUERITE.

Oh ! voyez-vous, c'est indigne. Comment, je vais au bal, je tâche d'être aimable pour tout le monde ; je ne me permets de critiquer qui que ce soit, et pourtant si j'avais voulu le faire, certes, la matière ne m'aurait pas manqué ; car il y avait sous mes yeux des gens assez ridicules. Et pour prix de mon silence, de ma bonté, on me lance de toutes parts d'amères moqueries ! Et qu'est-ce que cela faisait, s'il vous plaît, à ces belles dames quand j'aurais été boiteuse, laide, noire, sotte ? cela les aurait-il regardées ?

Mlle DE VILLEROY.

Pourtant, vous ne pouvez pas dire que vous n'ayez reçu aucune gracieuseté?

MARGUERITE.

C'est bien la moindre des choses qu'on ne vous dise pas des injures en face. J'en entendais assez à gauche et à droite. Oh! qu'il me tarde que maman revienne!

Mlle DE VILLEROY.

Que voulez-vous? il faut s'attendre à cela dans le monde; les femmes y sont jalouses les unes des autres, et le mal qu'on a dit de vous prouve qu'au fond on vous trouvait charmante.

MARGUERITE.

Oh! il est terriblement profond ce fond-là; car l'admiration que je causais était bien invisible. C'est un beau plaisir, assurément, que d'être au milieu de personnes qui vous trouvent ravissante au fond et qui vous accablent d'injures! Je crois qu'il ne faut pas faire grand fond sur un tel fond.

Mlle DE VILLEROY.

Vous êtes irritée, Marguerite?

MARGUERITE.

On le serait à moins, je pense; il est sûr que toutes ces belles demoiselles, que j'ai vues, étaient bien gentilles avec leurs prétentions, leurs grimaces et leurs pincements de lèvres; mais, n'en parlons plus, je vous prie, Mademoiselle, parce que je sens que je me mettrais en colère.

Mlle DE VILLEROY.

Ma pauvre enfant, il faut enfin vous faire
Aux quolibets;
Et, désormais, supporter sans colère
Tous les caquets.
Ah! recevez toute piquante injure,
Sans souffler mot.
Au bal il faut être sourd, je vous jure,
Muet et sot,
Sourd, muet et sot.

MARGUERITE.

Quel assemblage de qualités agréables!

Mlle DE VILLEROY.

Oui, ma chère petite, il faut être sourd pour ne pas entendre la malicieuse critique; muet pour ne point y répondre; sot pour ne point la sentir.

SCÈNE III.

Mlle DE VILLEROY, MARGUERITE, MARIE.

MARIE, entrant.

On demande mademoiselle de Villeroy.

Mlle DE VILLEROY.

J'y vais.

MARGUERITE.

Marie, faites-moi du thé, s'il vous plaît.

MARIE.

Oui, Mademoiselle.

SCÈNE IV.

MARGUERITE, *seule.*

Voyons, j'espère que cette comédie finira. — Si je croyais à la magie, je penserais que je suis ensorcelée. — Quelle chose singulière ! Hier matin encore j'étais Marguerite Duval, une petite personne ignorée, ne connaissant que sa mère et quelques amies ; et depuis vingt-quatre heures me voilà, dit-on, devenue duchesse de Richemond, environnée de luxe, couverte de bijoux, et rassasiée de plaisirs. Quelle bizarre aventure ! — Mais si pour me punir Dieu lui-même avait fait ce changement ! — Si je devais toujours mener une vie si agitée et si fatigante ! Si je ne devais plus revoir ma mère ! — O mon Dieu, je vous en prie, pardonnez-moi ! rendez-moi maman, ramenez-moi auprès d'elle ! Je ne veux plus être duchesse. Cependant, plus j'y réfléchis, plus il me semble que cela n'est pas naturel... C'est peut-être un miracle ?... Mais le bon Dieu ne fait pas des miracles pour toutes les jeunes filles qui ont de la vanité. Enfin, maman reviendra ; elle m'expliquera tout. Pauvre maman! elle sera bien contente, elle qui s'affligeait tant de mon orgueil, quand je lui dirai que je ne trouve guère amusant d'être duchesse. Oh! je m'étais bien trompée!

SCÈNE V.

MARIE, MARGUERITE, NANETTE.

MARIE.

Voici une marchande de modes qui demande Mademoiselle?

MARGUERITE.

Oh! je vous en prie, dites-lui qu'elle revienne plus tard, que je suis très-fatiguée.

MARIE.

C'est bien là, Mademoiselle, ce que déjà je lui ai proposé; mais, elle m'a dit; avec raison, que plus tard elle aurait porté ses cartons chez d'autres grandes dames qui choisiraient ce qu'ils renferment de plus nouveau, et qu'ensuite il ne resterait rien qui allât au bon goût de Mademoiselle.

MARGUERITE.

Tant pis; j'ai besoin de dormir.

MARIE.

Que Mademoiselle veuille bien se souvenir qu'elle

n'a rien à mettre sur sa tête pour le bal de ce soir, car jamais on n'oserait retourner dans le monde avec une parure déjà portée, Mademoiselle ne peut remettre ni cette robe, ni ces bouquets, encore moins cette coiffure.

MARGUERITE.

Et j'espère aussi une nouvelle chaussure ; c'est ce qui m'importe le plus. D'ailleurs, je me dispenserai de cette représentation.

MARIE.

Mademoiselle sait bien que c'est impossible ; sûrement elle fâcherait la duchesse de L'Aîne, et il faut la ménager parce que le frère de Mademoiselle veut entrer dans le régiment du duc de L'Aîne.

MARGUERITE.

Marie, ne cherchez pas plus longtemps à me tromper ; je n'ai pas de frère, je suis fille unique. Qu'on me rende maman, je vous en supplie !

MARIE.

Madame va arriver ; je conjure Mademoiselle de choisir au moins quelques fleurs pour ce soir.

MARGUERITE.

Vous m'excédez ! mais je m'habitue à la contrariété. Oh ! je trouvais que chez maman, je ne faisais pas ce qui me faisait plaisir ; certes, ici c'est bien pis. Qu'elle vienne donc cette ennuyeuse marchande.

SCÈNE VI.

MARGUERITE, MARIE, LA MARCHANDE.

LA MARCHANDE.

Je suis au désespoir de déranger Mademoiselle de si bonne heure. Mais Mademoiselle sait que je tiens à la servir la première, parce que je n'ignore pas que Mademoiselle a meilleur goût que qui que ce soit; et je lui porte toujours ce que j'ai de plus charmant. Mademoiselle est si belle d'ailleurs que les choses communes ne sauraient lui aller; pour assortir sa délicieuse chevelure et son magnifique visage, il faut absolument du superfin. Aussi, j'en suis munie; je puis le certifier. Que Mademoiselle, d'ailleurs, se donne la peine de jeter un coup d'œil sur ce que j'ai l'honneur de lui apporter.

MARGUERITE, *se frottant les yeux.*

Voyons; montrez-moi des roses.

LA MARCHANDE.

Voici celle de Flore..... couleur nuancée, elle est à ravir! que Mademoiselle permette. (*Elle essaye les roses sur les cheveux de Marguerite.*)

MARIE.

Il me semble qu'elle ne fait pas bien.... une bengale.

LA MARCHANDE.

Oh ! c'est trop commun la bengale ; mais une rose de Chine, c'est fort distingué. Tige élégante, bouton vert-tendre ; couleur... voici. Le climat de la Chine donne aux fleurs une grâce particulière. Que Mademoiselle essaie.

MARGUERITE, avec nonchalance.

Marie, attachez-la, s'il vous plaît.

MARIE, l'attachant et regardant l'effet.

Non, ça ne va pas : c'est trop rouge et ça pâlit Mademoiselle.

MARGUERITE.

J'espère que je n'aurai pas tous les jours, comme aujourd'hui, l'air d'une déterrée.

MARIE.

Oh ! sans doute. Cependant la vie que la haute position de Mademoiselle la force à mener pâlit beaucoup ; comme on ne mange pas, qu'on ne dort presque point et qu'on va beaucoup dans le monde, on se fatigue naturellement, et les couleurs se passent. Mais, c'est de bon goût ; voilà véritablement ce qui annonce qu'on est distingué.

MARGUERITE.

Oui, je commence à en savoir quelque chose.

LA MARCHANDE.

Alors, que Mademoiselle prenne ce lis d'Afrique. C'est ce qu'il y a au monde de plus délicat : Marie Stuart ne se coiffait pas avec d'autres fleurs. Et c'est tout à fait nouveau, car la race s'en était perdue.

MARGUERITE, bas, à Marie.

Prenez tout ce qu'elle voudra, et débarrassez-m'en.

LA MARCHANDE.

Si Mademoiselle voulait prendre ce camélia? On assure que Richard Cœur de lion le rapporta de Jérusalem; il est majestueux, et comme Mademoiselle est grande, ça lui ira à merveille.

MARGUERITE.

Du tout, je suis petite. (Elle bâille.)

LA MARCHANDE.

Oh! c'est que Mademoiselle à une démarche si noble qu'on la croirait grande. Voici par exemple ce que j'ai de plus magnifique, c'est la feuille du palmier de l'Arabie Heureuse. Toutes les sultanes turques en ornent leurs plus beaux turbans.

MARGUERITE.

Je ne veux pas ressembler à une musulmane! (Elle bâille.) (A part.) Que cette femme m'impatiente! Dites-lui donc de se retirer.

MARIE.

Tout à l'heure, Mademoiselle.

LA MARCHANDE.

Voici encore qui est d'une fraîcheur admirable: c'est la fleur qu'on nomme Fille de l'étoile, inconnue dans nos pays.

MARGUERITE.

(A part.) Elle m'assomme! (Haut.) Marie, achetez la Fille de la lune, bien vite.

LA MARCHANDE.

Mademoiselle se trompe ; c'est la Fille de l'étoile.

MARGUERITE.

Bien ; celle du soleil, si bon vous semble, ça m'est égal. (Elle bâille.

LA MARCHANDE.

Et Mademoiselle ne voudrait pas cette touffe de géranium du Brésil ? c'est fort convenable.

MARGUERITE.

Allons, assez, je prends le géranium, la rose de Chine et ce lis ; cela suffit; merci, Madame, et je vous salue. (Elle bâille.)

MARIE, bas à la marchande.

Assez, Nanette, retournez à votre ouvrage.

LA MARCHANDE.

J'ai bien l'honneur d'être l'humble servante de Mademoiselle. (Elle sort avec Marie.)

MARGUERITE, s'étendant sur un fauteuil.

Voyons si je pourrai dormir enfin. Quelle bavarde éternelle que cette marchande ! elle m'a débité une foule de niaiseries dont j'aurais ri vraiment, si je n'avais été si lasse, mais je n'en puis plus. Ah !.... Ah !.... (Elle bâille). Ah !.... Ah !.... (Elle s'endort.)

SCÈNE VII.

MARIE, MARGUERITE, presque endormie.

MARIE.

Vraiment, Mademoisello, vous avez fait un choix délicieux ! (Regardant les fleurs.) Les jolies roses ! si fraîches! si délicates! Voulez-vous me permettre de les attacher dans vos cheveux?

MARGUERITE.

Oh! grand merci; laissez-moi dormir, s'il vous plaît.

MARIE.

Comme Mademoiselle voudra! Que ce lis est admirable! et cette touffe de géranium! Ce n'est pas étonnant, Mademoiselle ne prend ses articles de frivolités que chez les meilleures marchandes de modes. (regardant Marguerite.) Bon! elle commence à s'endormir. — Je vais encore babiller un peu. (Haut.) Les fleurs dans les cheveux c'est charmant. Beaucoup plus joli que les rubans et les plumes. — La mode s'en passe quelquefois, c'est dommage! (la regardant.) Cette fois elle dort.

ACTE CINQUIÈME.

La scène se passe dans l'appartement de madame Duval.

SCÈNE I.

MARGUERITE, se frottant les yeux.

Il y a peut-être vingt-quatre heures que je dors! — J'étais si fatiguée! quelle vie! — Oh! mais, c'est ce bal qui m'a brisée! — On étouffait dans ce grand salon de Versailles. Allons, je ne vais pas mal maintenant. — (regardant autour d'elle.) Mais, mais, où suis-je donc?.... Tiens, ma petite chambre! — Oui, c'est bien elle. — Qu'est donc devenu ce beau salon, ces riches meubles et ma belle robe? — Ah! çà, mais je rêve encore, quel supplice! — Si cette sotte fièvre allait me reprendre! — (elle regarde.) C'est pourtant bien chez maman ici. — Elle va revenir, j'espère! — Ah! mon Dieu, il me semble qu'il y a un an que je ne l'ai vue. — Ma bonne doit être par là. — Thérèse! Thérèse!

SCÈNE II.

MARGUERITE, THÉRÈSE.

THÉRÈSE.

Que veut Mademoiselle?

MARGUERITE.

Ah! te voilà, ma pauvre bonne, c'est bien toi?

THÉRÈSE.

Dame! Mademoiselle, qui voulez-vous donc que ce soit?

MARGUERITE.

C'est qu'on m'avait donné une petite femme de chambre fort gentille; mais c'est égal je t'aime mieux.

THÉRÈSE.

Qui donc vous avait donné une femme de chambre?

MARGUERITE.

Ah ! je n'en sais rien, mais j'en avais une toujours, et elle se nommait Marie.

THÉRÈSE.

Ah çà, Mademoiselle, vous rêvez un peu ! vous avez donc mal dormi ?

MARGUERITE.

Non, j'ai très-bien dormi, et la preuve c'est que j'étais très-fatiguée et que je ne le suis plus. Oh ma pauvre Thérèse, tu ne peux pas te figurer ce que c'est que de danser toute la nuit chez l'impératrice !

THÉRÈSE.

Mais, Mademoiselle, que dites-vous donc?... Vous m'effrayez, vraiment : heureusement que madame Duval va arriver, et elle verra s'il faut faire appeler le médecin,

MARGUERITE.

Ah ! maman va donc venir, il y a assez longtemps qu'on me la fait espérer ; cette dame qui était ma gouvernante me l'a dit bien des fois, je t'assure.

THÉRÈSE.

On vous avait donné une gouvernante ?

MARGUERITE.

Oui....

THÉRÈSE.

Ah ! que vous m'inquiétez ! vous vous sentez mal à la tête, n'est-ce pas ?

MARGUERITE.

Non du tout. Que cette maréchale était ennuyeuse! et cette petite sotte de Constance !

THÉRÈSE.

Je n'ai jamais vu ici les gens dont vous parlez.

MARGUERITE.

Je le crois bien ; ce sont de grandes dames qui vont tous les jours à la cour, et grand bien leur fasse! elles m'ont assez ennuyée

THÉRÈSE.

Il faut croire que vous rêvez toujours : c'est si singulier tout ce que vous me dites Mais on frappe, j'y cours. Tenez-vous bien tranquille pour vous calmer les nerfs. Vous aurez eu sans doute quelque cauchemar.

SCÈNE III.

MARGUERITE, seule.

Si j'avais cent francs, je les donnerais volontiers pour qu'on pût me dire clairement si je dors ou si je ne dors pas ; si j'ai dormi ou si je n'ai pas dormi. C'est vraiment merveilleux ! cela a tout l'air d'un conte de fée. — Pourtant je sais bien qu'il n'y a pas de fées dans le monde. — Après cela, c'est peut-être une maladie très-extraordinaire. — Oh ! mais non, puisque rien ne me fait mal. — Ce qu'il y a de sûr, c'est que je ne voudrais pas être duchesse. Quelle fatigante vie elle mènent ces pauvres créatures ! — Ah ! si maman pouvait revenir !

SCÈNE IV.

MADAME DUVAL, MARGUERITE, THÉRÈSE.

Mme DUVAL.

Bonjour, mon enfant, comment vas-tu ?

MARGUERITE.

Oh maman ! (Elle pleure en se jetant au cou de sa mère.)

Mme DUVAL.

Thérèse, donnez un verre d'eau à ma fille. Ma chère petite, il me tardait bien de te retrouver !

MARGUERITE

Et moi aussi, maman, je vous assure. Il m'est d'ailleurs arrivé de si étrange, aventures !

Mme DUVAL.

Quoi donc, mon enfant ?

MARGUERITE.

Figurez-vous, maman, qu'après votre départ je me suis mise à faire bien des enfantillages (Sanglots.) que je vais pourtant vous avouer.

Mme DUVAL.

Qu'est-ce donc ?

MARGUERITE, avec embarras.

J'ai rêvé que j'étais préfète et que j'avais à faire les honneurs de mon salon.... et puis, comme il n'y avait personne, j'ai parlé aux fauteuils et aux chaises comme si c'étaient des messieurs et des dames. (Silence de confusion.)

Mme DUVAL, avec douceur.

Comment tu fais encore de ces niaiseries-là ?

MARGUERITE.

Hélas oui ! j'en faisais encore hier, mais j'en suis bien corrigée.

Mme DUVAL.

Et qu'est-il ensuite arrivé ?

MARGUERITE.

Je crois m'être endormie ; puis, en m'éveillant, je ne me suis pas trouvée ici, mais dans un magnifique salon, avec une jolie petite femme de chambre et une belle dame qui se disait ma gouvernante. On m'appelait la duchesse de Richemond, et on m'a fait m'ennuyer à mourir : d'abord on voulait m'apprendre toutes les sciences imaginables ; puis pour me faire, disait-on, obéir à l'intérêt ou à la politique (car c'étaient les deux grands mots que l'on me jetait sans cesse) on m'a excédée ! J'ai reçu des visites insipides, je suis allée au spectacle et au bal toute la nuit, je ne pouvais pas dormir parce qu'il n'y en avait pas le temps, ni manger, parce que cela m'aurait fait épaissir ; enfin j'étais plus malheureuse qu'une esclave.

Mme DUVAL.

Mais, ma chère enfant, je croyais que toute la vie tu avais désiré d'être duchesse ou quelque chose d'à peu près ?

MARGUERITE.

Oh, maman ! c'est que je ne m'imaginais pas que ce fût comme cela. Je croyais que les duchesses faisaient toujours leur volonté; mais pendant que je l'étais, moi, je n'ai pas du tout fait la mienne. On n'a fait que me contrarier. (Regardant attentivement sa mère.) Maman, vous n'avez pas du tout l'air surpris de ce que je vous dis ; c'est singulier !

Mme DUVAL.

Mais, je suis étonnée à mon tour que tout cela ne t'ait pas amusée.

MARGUERITE.

Oh ! non, ça ne m'a pas amusée ; il me tardait bien de redevenir Marguerite et de vous retrouver, maman.

Mme DUVAL.

Tu n'as donc plus aucune envie de sortir de ta position ?

MARGUERITE.

Non, maman, je vous assure. Nous sommes bien plus heureuses que les dames si grandes et si riches. Au moins nous sommes tranquilles. Nos petites réunions de famille, comme nous en faisions à Saint-Yriex, n'étourdissent ni ne fatiguent comme celles où l'on m'a conduite. Mais, dites-moi, maman, comment tout cela s'est fait, je vous en prie !

(Mme Duval fait un signe à Thérèse.)

THÉRÈSE.

Entrez, Mesdames.

SCÈNE V.

LES MÊMES, LA DUCHESSE, MADEMOISELLE DE VILLEROY, CONSTANCE.

Mme DUVAL.

Bonjour, Mesdames.

LA DUCHESSE.

Bonjour, chère amie. (Regardant Marguerite.) N'est-ce point là mademoiselle votre fille ?

MARGUERITE, bas.

C'est ma maréchale !

Mme DUVAL.

Oui, Madame. (Marguerite salue.)

LA DUCHESSE.

Voulez-vous me permettre de l'embrasser et que ma fille l'embrasse aussi ?

Mme DUVAL.

Sans doute, Madame.

MARGUERITE, à part.

C'est vraiment ma petite femme de chambre. (Elles s'embrassent.)

LA DUCHESSE.

Mademoiselle de Villeroy, n'est-ce pas que Marguerite ressemble beaucoup à sa mère?

MARGUERITE, à part.

Voilà bien ma gouvernante et le nom qu'on lui donnait.

Mlle DE VILLEROY.

C'est frappant.

MARGUERITE, regardant Constance.

(Bas.) Ah ! voilà la demoiselle à prétentions. Personne n'y manque !

Mme DUVAL.

Cette pauvre enfant est tourmentée d'un singulier rêve qu'elle a fait pendant mon absence. Raconte-le, Marguerite.

MARGUERITE.

Oh ! maman, c'est bien inutile, Toutes ces dames étaient à ce rêve-là. (Montrant Marie.) Je suis sûre que Mademoiselle se nomme Marie.

MARIE.

Oui, Marie ; non plus pour être votre petite femme de chambre, mais votre amie.

Mme DE RICHEMONT.

Et cette ennuyeuse maréchale, pourrez-vous l'aimer, Marguerite ?

MARGUERITE.

Oh ! vous êtes bien maréchale peut-être ; mais vous ne faites pas les mines de la mienne : cependant je reconnais votre visage et votre voix.

Mlle DE VILLEROY.

Et moi, me reconnaissez-vous ?

MARGUERITE.

Oh ! oui, Madame, vous faisiez semblant d'être ma gouvernante, n'est-ce pas ?

CONSTANCE.

Et moi ?

MARGUERITE.

Je vous reconnais aussi, Mademoiselle, et voilà la belle marchande de modes! Maman, je vous en prie, expliquez-moi tout cela.

Mme DUVAL, l'embrassant

Eh bien, mon enfant, voici la vérité : Une de mes amies, la duchesse de Richemond de Coucy que tu vois, habite Paris; je suis allée la voir. Dans une intime conversation, je lui ai parlé de toi, de ton bon naturel, et aussi de tes folles idées; elle m'a offert d'essayer de détruire les illusions que tu t'étais faites. Je désirais trop ton bonheur pour ne pas accepter : nous avons donc fait ensemble un petit plan qui consistait à te donner en quelques heures un aperçu de la vie que l'on mène dans une haute condition. On t'a donc transformée en mademoiselle de Richemond, et comme ces dames ne voulaient admettre personne dans la confidence, elles ont rempli, près de toi, les rôles nécessaires. J'étais l'invinsible témoin de tout, et je t'ai vue, avec une bien grande joie, reconnaître ton erreur.

MARGUERITE, se jetant dans les bras de sa mère.

Ah! maman!

LA DUCHESSE.

Vous nous pardonnez, n'est-ce pas, Marguerite, de vous avoir donné ces conseils en action? Croyez que c'était uniquement dans l'intention de vous être utile.

MARGUERITE.

Oh! je le crois, Madame; puisque vous êtes l'amie de maman, vous devez être bonne comme elle, et ces dames aussi.

Quand vous rendez à mon enfance
Et le repos et le bonheur;
Croyez que la reconnaissance,
Naît pour vous, au fond de mon cœur.
C'est par vous que ma bonne mère
Retrouve la joie en ce jour.
Je vais devenir, je l'espère,
Digne à jamais de son amour.

Mme DUVAL.

Chère enfant!

THÉRÈSE.

En voilà une heureuse leçon! il serait à souhaiter que toutes celles qu'on fait aux jeunes personnes eussent le même résultat! Cette chère petite Marguerite!

LA DUCHESSE.

Il serait à désirer aussi que toutes les jeunes personnes eussent d'aussi heureuses dispositions. Recevoir une leçon avec tant de franchise et de courage, montre qu'on est digne d'avoir un jour toutes les vertus. (Elle l'embrasse.)

MARIE.

Ah! laisse-moi devenir ton amie,
Et te chérir comme une tendre sœur;
Que désormais Marguerite et Marie
Aient mêmes goûts, même attrait, même cœur.

MARGUERITE.

Que vous êtes bonne ! Oh ! je crois que nous nous aimerons beaucoup.

Mme DE RICHEMONT ET Mme DUVAL.

Aimez-vous, enfants chéries,
Vos mères furent des sœurs;
Pour toujours, soyez unies,
Car c'est le vœu de nos cœurs.

MARIE ET MARGUERITE, se donnant la main.

MARIE.

Ah ! quel plaisir quand le vain bruit du monde

MARGUERITE.

Ah ! tu viendras quand le vain bruit du monde

MARIE.

Aura lassé mon oreille et mon cœur,

MARGUERITE.

Aura lassé ton oreille et ton cœur,

MARIE.

De retrouver ici la paix profonde.

MARGUERITE.

Dans le secret chercher la paix profonde

MARIE.

Dont j'aime tant le calme et la douceur !

MARGUERITE.

Dont il fait bon savourer la douceur !

MARIE ET MARGUERITE.

Aimons-nous, enfants chéries,
Nos mères furent des sœurs,
Pour toujours, soyons unies,
Car c'est le vœu de leurs cœurs.

Mlle DE VILLEROY.

Aimez-vous, mes enfants, comme se sont aimées

vos mères. Le temps ne fera que resserrer vos liens, car les liaisons d'enfance sont toujours durables quand elles sont fondées sur la vertu.

Mme DUVAL.

C'est à cette précieuse affection que je dois le bonheur de ma vie. Puissent nos filles en connaître la douceur !

FIN DE MÉDIOCRITÉ ET GRANDEUR.

LES ROMANTIQUES.

PERSONNAGES.

MADEMOISELLE CLÉMENTINE DE BRENNES.

EMMELINE, BERTHE, ERNESTA, } nièces de mademoiselle de Brennes.

MADAME DE RÊVEROSE.

NUAGEUSE, CRÉPUSCULINE, } ses filles.

MADEMOISELLE DE GRISDORÉ, tante de madame de Rêverose.

MARGUERITE, vieille domestique de madame de Brennes.

CORA, femme de chambre de madame de Rêverose.

LES ROMANTIQUES.

ACTE PREMIER.

La scène se passe dans un modeste salon.

SCÈNE I.

ERNESTA, chiffonnant un ruban sur un chapeau.

Vraiment depuis que je connais les demoiselles de Rêverose, je suis adroite comme une fée! Voilà que mon chapeau sera garni à merveille. — Jamais mes sœurs ne lui auraient donné une telle grâce. — Pourvu que l'on sache coudre et faire encore quelques petits ouvrages très-simples, elles trouvent cela suffisant; tandis que les demoiselles de Rêverose sont d'une habileté rare en fait de jolies choses, Nuageuse surtout. — Oh! elle me plaît infiniment! — C'est dommage que ma tante ne me permette pas de la voir plus souvent. — J'en ferais volontiers mon amie. — Elle m'enchante quand elle me raconte les fêtes où elle va; les toilettes qu'elle fait; ses courses à cheval et ses promenades en voiture. — Ah! qu'il me tarde d'avoir dix-sept ans! — Certes, je ne ferai pas comme Berthe et Emmeline qui ne veulent jamais sortir. — Quand ma tante leur dit : Mes enfants, voulez-vous voir ceci, voir cela? elles répondent presque toujours : Ma tante, vous êtes bien bonne; mais si vous le permettez, nous resterons pour lire cette histoire; pour finir cette broderie; pour faire de la botanique dans le jardin. — Tout cela m'ennuie. — Je n'ai pas envie de me cloîtrer. — Faites comme il vous plaira, mesdemoiselles mes sœurs, et moi, je ferai à ma façon.

SCÈNE II.

ERNESTA, MARGUERITE.

MARGUERITE.

Mademoiselle Ernesta, voici mademoiselle......... Allons, je ne me rappelle plus son nom..... Aussi je ne sais pas dans quel temps l'on vit! Je ne comprends plus rien à rien. Autrefois les demoiselles des plus grandes maisons avaient des noms qui allaient tout droit : Jeanne, Marion, Poulette; mais aujourd'hui on a inventé un tas de mots nouveaux, que je n'ai jamais entendu prononcer à notre défunte respectable maîtresse, la marquise Madelon de Vert-pré. La chère sainte femme, qu'elle soit dans le bienheureux paradis !

ERNESTA.

Quest-ce que tu dis donc, ma bonne ?

MARGUERITE.

Je dis, je dis que je ne saurai jamais ni retenir, ni prononcer un si drôle de nom ; je crois pourtant que c'est Paresseuse, ou Vaporeuse, ou Barbouilleuse... ma fi, je m'y perds.

ERNESTA.

Allons, ce doit être Nuageuse.

MARGUERITE.

Justement.

ERNESTA.

Est-ce qu'elle est là ?

MARGUERITE.

Oui, avec une autre que si je puis apprendre son nom en dix ans, ce sera encore un miracle.

ERNESTA.

Crépusculine ?

MARGUERITE.

C'est ça ; ça ressemble si fort à capucine, que je pense toujours à la salade quand je vois cette belle demoiselle.

ERNESTA.

Et je suis assez heureuse pour que ces dames soient venues ?

MARGUERITE.

Sûrement qu'elles n'ont rien de mieux à faire que de se promener de côté et d'autre ?

ERNESTA.

Fais-les donc bien vite entrer. Il est de la dernière inconvenance de faire ainsi attendre de si grends personnages. (Marguerite sort.) Pauvre Marguerite ! — Elle est bien de son village!

MARGUERITE, entr'ouvrant la porte.

Si ces dames veulent bien se transporter ici, mademoiselle Ernesta y fait sa résidence.

ERNESTA, à part.

Vraiment cette pauvre fille est ridicule ! Hé ! quel air a-t-on avec un service pareil? J'en suis honteuse.

SCÈNE III.

ERNESTA, MARGUERITE, NUAGEUSE, CRÉPUSCULINE.

ERNESTA, les embrassant.

Oh ! que vous êtes aimables, Mesdemoiselles ! quel bon vent vous amène si matin?

NUAGEUSE.

Le plaisir de vous voir, belle amie, et puis, une petite supplique à présenter à mademoiselle votre tante.

ERNESTA.

Ma tante vient de sortir avec mes sœurs, et ne rentrera qu'à midi ; mais, si vous voulez bien passer la matinée avec moi, je serai bien heusreue.

NUAGEUSE.

Impossible, mon agneau; cependant nous vous donnerons quelques instants.

CRÉPUSCULINE.

Oh! oui, moi, je réclame au moins une demi-heure; car, je veux convertir ce pauvre ange égaré.

ERNESTA, souriant.

Egaré! comment donc?

CRÉPUSCULINE.

Oui, ma fleur.

ERNESTA, riant.

Je suis donc dans une fausse voie?

CRÉPUSCULINE.

Oui, dans un sentier tortueux où votre esprit, naturellement si droit, se trompe, se perd, prend tout à fait une direction fatale.

ERNESTA.

Vous croyez?... Non, je vous assure que ma tante et mes sœurs s'occupent beaucoup à former mon jugement et mon goût : Je lis, j'écris; et l'on me met sous les yeux les meilleurs modèles.

NUAGEUSE.

Voyons, lesquels?

ERNESTA.

Bossuet, Fénelon, Racine.

CRÉPUSCULINE.

Oh! assez, assez, cruelle! Quoi! vous vous gâtez dans ce genre opaque, lourd, classique en un mot? Racine! cet éternel et monotone versificateur!! Ah! ses alexandrins me tombent sur l'esprit pesants comme un cauchemar. Ses héros sont toujours montés sur des échasses. Jamais ils ne descendent dans le vrai de la nature, qui veut que l'on passe, alternativement, brusquement, du grave au riant, du sublime au naïf. Mais, chère colombe, vous aurez toujours les ailes alanguies si vous ne prenez pas un vol plus élevé.

ERNESTA.

Vous me parlez un langage tout à fait inconnu.

NUAGEUSE.

Vous êtes faite pour le comprendre. Dès que je vous ai vue, j'ai dit à Crépusculine : Elle serait d'un romantisme delicieux!

CRÉPUSCULINE.

C'est vrai. Hé bien! chère fauvette, voulez-vous pénétrer dans le mystère de la poésie aérienne, diaphane?

ERNESTA.

Je le veux bien, si ma tante me permet de l'étudier, et si c'est intéressant.

CRÉPUSCULINE.

Vous y trouverez d'abord quelques épines, mais inoffensives comme celles d'un rosier blanc; puis, vous courrez dans les routes de la pensée, vous vous élèverez jusque dans les régions éthérées, et vous redescendrez doucement sur la terre, bercée par la brise du soir. Tantôt vous écouterez le bruit des orages; tantôt vous prêterez l'oreille aux soupirs des mousses; aux pas rapides et presque *inentendables* de la biche et de son faon.

CRÉPUSCULINE.

Je n'oserais le dire. Seulement, il faut avouer qu'elle a préféré un genre vieilli à un genre nouveau-né. D'ailleurs, il fallait sonder vos dispositions, bel ange, et vous ne faites qu'atteindre à ce moment où l'esprit entrevoit les clartés lumineuses de la poésie céleste. Mais, chère enfant, il ne faut heurter les idées de personne, surtout celles de mademoiselle votre tante. Votre nouvelle voie s'ouvrira d'elle-même ; vous y marcherez presque sans vous en apercevoir, et enfin vous atteindrez les sommets de la vague et nuageuse vie du poëte.

ERNESTA.

Oh ! ma tante n'aime pas, malheureusement, qu'une femme soit poëte, elle trouve qu'il vaut infiniment mieux raccommoder des bas ou faire des ourlets que de composer des vers.

NUAGEUSE.

Pauvre enfant ! vous êtes élevée dans ces préjugés funestes ! Oh ! je vous plains !

CRÉPUSCULINE.

Chère sœur, mademoiselle de Brennes a raison dans un sens ; et je ne combattrai point ses idées ; mais pour être poëte, douce fleur, ne croyez pas qu'il soit nécessaire de créer des volumes ou de livrer sa plume à la publicité, non. Le poëte peut ne jamais écrire ; il est poëte pour lui et pour ceux qui l'environnent, leur expliquant, avec d'ineffables paroles, le chant du rossignol, le murmure de l'onde, la fraîcheur des prairies, et restant indifférent aux vulgaires détails de la vie commune.

ERNESTA.

Vous me ravissez ! ainsi quand je serai poëte, je ne m'abaisserai plus à ces soins importuns qui ont jusqu'ici rempli mes jours, travail trop grossier, je le sens, pour s'harmonier avec les nobles et gracieuses occupations d'un esprit romantique.

CRÉPUSCULINE.

Oui, oui, vous cesserez de manier trop souvent l'aiguille. Vous renoncerez au tricot ; vous vivrez dans une quiétude délicieuse, la tête reposée sur un duvet protecteur, et les yeux errants sur l'immense étendue de la terre et des cieux...

ERNESTA.

Oh ! ce sera fort agréable.

NUAGEUSE.

Sœur bien-aimée, l'heure passe ; retirons-nous. Rose des champs, veuillez prier mademoiselle votre tante, de la part de ma tendre mère, de vouloir bien vous amener ce soir, avec vos sœurs, dans notre demeure où aura lieu une soirée musicale.

ERNESTA.

Oh ! de très-grand cœur.

CRÉPUSCULINE.

Adieu, ma perle.

NUAGEUSE.

Adieu, bengale.

ERNESTA.

Adieu, chères amies. (Elles sortent.)

SCENE IV.

ERNESTA.

Quel langage ravissant! — J'en suis transportée! — Quel bonheur d'être appelée à parler de la sorte! — Au moins on peut se dire qu'on ne parle pas comme tout le monde. — Pourtant, ma tante me dit : Sois simple, mon enfant. — Oui, mais, ma tante me dit aussi : Erneste, ne prends pas des manières communes, aie donc l'air d'une personne bien élevée. — Oh! je vais joliment avoir l'air d'une personne de distinction. — Ce qui me fait de la peine c'est qu'on va prendre mes sœurs pour mes cuisinières, sûrement. — Voyons, que je m'essaie un peu à imiter les demoiselles de Rêverose.

(Elle se place en face d'une glace, arrondit le bras, et feint d'offrir une fleur à une dame).

Madame, voudriez-vous bien accepter cette rose? — Non, ce n'est pas cela. J'ai le bras trop roide. — Essayons encore. — Madame me ferait-elle le plaisir d'accepter cette rose? — Le plaisir! quel mot commun et de mauvais goût! — Alors, l'agrément. — Mais c'est une expression de fruitière!!

Hé bien, je demanderai conseil à Crépusculine. Oh! elle m'apprendra, elle, vite, et à fond, cette délicate et superfine science de la parfaite éducation.

SCÈNE V.

ERNESTA, MARGUERITE.

MARGUERITE.

Ciel ! quelle odeur de musc ! J'en ai mal au cœur ! ces belles demoiselles, c'est parfumé comme un parterre. (Elle se laisse tomber sur une chaise.) Ça me porte si fort à la tête qu'elle m'en tourne.

ERNESTA.

Allons, ma bonne, ne gronde pas. C'est un parfum délicieux !

MARGUERITE.

Ma fi, Mamzelle, j'aime cent fois mieux l'odeur du poivre. Quoique ça, c'est mal élevé ces princesses-là ; ça vous salue à peine une vieille fille comme moi ; ça croirait se déshonorer de vous dire un petit bonjour. Oh ! quelle différence avec nos chères petites demoiselles ; à la bonne heure, celles-là : c'est doux, poli, gentil, aimable. On voit que c'est mené droit comme un I.

ERNESTA.

Va, nous sommes bien loin de leur ressembler !

MARGUERITE.

Grâce au ciel, Mamzelle ! Ma fi, si vous alliez vous mettre à grimacer comme elles, vous auriez bonne façon. Ça ne touche pas terre ces duchesses :

ça vole, ça se contourne. Oh ! que c'est donc drôle. On frappe ; j'y cours.

ERNESTA.

Pauvre vieille bonne, comme elle est arriérée ! mais, c'est assez naturel : elle a toujours vécu au milieu des poules et des canards. — Ma grand'mère ne sortait pas de sa terre du Quercy, et ma tante n'est venue ici, avec nous, que depuis trois ans. — La voilà.

SCÈNE VI.

ERNESTA, MADEMOISELLE DE BRENNES, BERTHE, EMMELINE.

Mlle DE BRENNES.

Hé bien ! mon enfant, comment as-tu passé le temps de notre absence ?

ERNESTA.

Ma tante, j'ai reçu une visite.

Mlle DE BRENNES.

Comment cela ? J'avais recommandé à Marguerite de ne recevoir personne. Tu es trop jeune, chère enfant, pour diriger une conversation, et il serait d'ailleurs imprudent et inconvenant de recevoir quand je n'y suis pas. Tu sais que je ne te laisse presque jamais seule ; mais enfin quand je suis forcée de sortir, la porte de mon salon doit être fermée.

ERNESTA.

Chère tante, Marguerite a été surprise, parce que

les demoiselles de Rêverose sont entrées par le jardin dont la porte était restée ouverte.

Mlle DE BRENNES.

Les demoiselles de Rêverose sont justement une société qui ne saurait te convenir. D'abord, ces demoiselles ne sont pas de ton âge ; et puis, elles ont un genre qui n'est pas du tout un modèle.

ERNESTA.

Vraiment, ma tante ! Elles sont pourtant bien gracieuses.

Mlle DE BRENNES.

Elles sont très-empesées, ne parlent qu'un langage extraordinaire, je puis même dire extravagant, et n'ont aucune idée solide.

ERNESTA.

Oh ! ma tante, si vous saviez comme Crépusculine a causé délicieusement avec moi !

Mlle DE BRENNES.

De quoi donc avez-vous parlé ?

ERNESTA.

De poésie.

Mlle DE BRENNES.

Que t'en a-t-elle dit ?

ERNESTA.

Je ne saurais le répéter ; mais, c'était admirable ! Je sais bien, par exemple, qu'il y avait du vague, du nuageux, de l'éthéré.....

Mlle DE BRENNES, souriant.

Tu aimes donc le vague ?

ERNESTA.

Oui, je l'aime infiniment.

Mlle DE BRENNES.

Tu crois? et le nuageux?

ERNESTA.

Oh ! oui. C'est le sombre, le vaporeux, le vaporisé..... (Elle fixe le ciel avec affectation.)

BERTHE.

Je t'en supplie, ne fais pas ainsi des yeux de chèvre morte. Tu défigures ton petit visage souriant.

ERNESTA, minaudant.

Mon ange, ne me raille pas.

EMMELINE.

Mon ange! que te voilà douce et tendre!

ERNESTA.

Oui, mon agneau! Est-ce que tu ne sais pas que je t'aime, comme la biche aime la belle aurore?

BERTHE.

Oh! pour le coup, te voilà romantique.

Mlle DE BRENNES.

Je pense, Ernesta, que tu t'amuses.

EMMELINE.

Voyez-vous, comme elle est malicieuse cette petite fille?

SCÈNE VII.

LES MÊMES, Mme DE RÊVEROSE, MARGUERITE.

MARGUERITE, ouvrant les deux battants de la porte.

V'là madame de Rêverose.

SCÈNE VIII.

LES MÊMES.

Mme DE RÉVEROSE.

Mademoiselle, j'avais envoyé mes filles vous inviter à une soirée, chez moi; mais, craignant que mademoiselle Ernesta ne fît pas toutes les instances que je désirais, et que vous ne manquassiez, je viens moi-même vous supplier d'accéder à ma demande.

Mlle DE BRENNES.

Vous êtes trop bonne, Madame, et je suis bien reconnaissante de cette aimable attention; mais mes nièces n'ayant pas du tout l'habitude du grand monde, permettez que nous échangions cette soirée, trop brillante pour elles, contre une visite du matin que nous vous ferons en famille.

Mme DE RÉVEROSE.

Mademoiselle, je respecte vos goûts solitaires; mais je puis vous assurer que nous serons presque seules, une ou deux de mes plus intimes amies: voilà tout. Quoi! vous voudriez me faire le crève-cœur de ne point vous voir?

Mlle DE BRENNES.

Si mesdemoiselles vos filles sont à peu près l'unique société que mes nièces doivent rencontrer chez vous, Madame, je répondrai à votre offre polie, et puisque votre intention est de donner une soirée agréablement occupée, je vous demanderai la permission de faire apporter la harpe de Berthe.

Mme DE RÊVEROSE.

Bien volontiers, Mademoiselle. Votre gracieuse harpiste voudra bien, je l'espère, accompagner Crépusculine qui a une voix d'Opéra, et Nuageuse qui chante comme une fauvette. Adieu, quatre fois aimables. (Elle sort.)

TOUTES.

Au revoir, Madame.

SCÈNE IX.

LES PRÉCÉDENTES.

Mlle DE BRENNES.

J'ai dans ce moment avec madame de Rêverose, une affaire assez importante qui m'oblige, mes enfants, à ne pas la contrarier; et puisqu'elle m'assure qu'elle n'aura personne, je consens à vous conduire chez elle, ce soir. Ernesta, je te prie de bien remarquer le ton et le genre de ces demoiselles; car je désire que tu me communiques ensuite tes réflexions à ce sujet.

ERNESTA.

Oui, ma tante.

SCÈNE X.

BERTHE, EMMELINE, ERNESTA.

ERNESTA, chantant au piano.

Quel bonheur! quel bonheur! je vais devenir romantique. C'est vraiment de... de... de...

BERTHE.

De l'archi-comique.

ERNESTA.

Que tu est méchante!

BERTHE.

Méchante? Je croyais être un ange... un agneau.

ERNESTA.

Raille tant que tu voudras, je vais chanter. Bientôt je composerai.

BERTHE.

Et je déraisonnerai.

ERNESTA.

Berthe, finissez. Je m'en vais!..

BERTHE.

C'est cela, je vais prendre ta place. (Elle chante.)

Ernesta, ma sœur,
Par malheur,
Au lieu de rester gentille,
Et bonne petite fille,
Veut, prenant les grands airs
De belle demoiselle,
Mettre tout à l'envers
Dans sa jeune cervelle.
Ah! ah! ah! ah! ah! ah!
Que c'est piteux, cela!!!

EMMELINE, brodant dans un coin du salon.

Allons, courage ; vous faites des merveilles.

ERNESTA.

A mon tour. (Elle chante.)

Me comprends-tu, ma douce Berthe?
As-tu rêvé sur l'herbe verte?
As-tu prêté l'oreille à la brise des nuits?

BERTHE.

Et dans les galetas aux courses de souris?

ERNESTA.

Cruelle!

Les chants du rossignol, dis, les as-tu compris?

BERTHE.

Tes i n'en finissent pas.

ERNESTA, chantant.

Ah! que c'est beau, le romantique!

BERTHE, chantant.

C'est vraiment un mal névralgique.

ERNESTA.

J'aime l'azur des cieux,
Et la vague orageuse
De la mer aux flots bleus;
Et l'aile vaporeuse
De l'hirondelle au vol...

BERTHE.

Tu veux une rime? hé! bien : parasol.

ERNESTA.

C'est poétique! (Elle chante.)

BERTHE, chantant.

J'aime la douce aurore
Et le lis du vallon.
Mais, j'aime plus encore
D'Ernesta le doux front.

ERNESTA.

J'aime le doux murmure
De l'onde fraîche et pure.

BERTHE.

Ta charmante figure
Et ton petit menton.

EMMELINE.

Quelles richesses de pensées et d'expressions ! Il est vraiment fâcheux d'interrompre une composition si gracieuse ; mais je crois qu'il faut se préparer à partir.

ERNESTA.

Ma grande sœur, quelle robe vais-je mettre ?

EMMELINE.

Ta robe rose,

ERNESTA.

Elle n'est plus fraîche.

EMMELINE.

Comment? Tu ne l'as mise que deux fois.

ERNESTA.

Oui, mais pour aller à la campagne, c'est-à-dire au grand soleil.

EMMELINE.

Alors, quand une robe aura été mise deux fois, qu'en feras-tu ?

BERTHE.

Mon ange, on en revêtira ses femmes de chambre.

EMMELINE.

En attendant que ta fortune te permette ces magnifiques prodigalités, je te conseille d'aller l'habiller.

ERNESTA.

Mettre du rose, ciel! quelle couleur commune!

BERTHE.

Ah! quelle est la nuance distinguée qui irait à tes goûts romantiques?

ERNESTA.

Des tons vagues, indécis, comme flots d'océan, soupir d'algue marine, fond du précipice, caprice de bengali, etc.

BERTHE.

C'est délicieux! insaisissable!...

EMMELINE.

Allons, hâtons-nous. Il est tard, ne faisons pas attendre ma tante.

ACTE DEUXIÈME.

SCÈNE I.

MARGUERITE, rangeant dans le salon.

Des nerfs! des nerfs! on ne connaissait pas ça dans mon jeune temps.— J'ai bien vu notre défunte maîtresse (le saint paradis lui soit ouvert!) s'évanouir quand notre cher maître mourut; mais à propos de rien, j'amais elle ne s'est trouvée mal, — et v'la-t-il pas que mademoiselle Orageuse, ou Nuageuse, peu importe! l'orage et les nuages, ça se tient par la main.— V'la-t-il pas, donc, que cette belle demoiselle tombe à la renverse, et a des crispations parce qu'en jouant du piano près d'elle, mademoiselle Berthe a attrapé une fausse note! — le beau malheur en vérité! C'est pas l'embarras, cette belle malade quoiqu'elle eût les yeux fermés, comme une morte, a bien vu où elle tombait, et c'était pas par terre, là; mais bien sur un beau grand fauteuil bien mou et bien douillet. Ma foi, elle ne risquait pas de se rompre le cou.— Aussi, franchement, elle ne m'a pas fait beaucoup de peine.— Et madame de Rêverose qui se mourait, disait-elle, parce que sa fille allait mourir! — Et l'autre.... comment donc? cette grande mince, si serrée de la taille qu'elle ressemble tout à fait à une guèpe? Ah! j'y suis : Capucine ne voulait-elle pas défunter aussi? — Mamzelle Cora en perdait la tête. — J'ai cru qu'il faudrait aller chercher toute l'eau de la rivière pour faire revenir à elles ces princesses en trépassement. — Mais, v'là nos maîtresses; je m'en vais voir à mes casseroles.

SCÈNE II

MADEMOISELLE DE BRENNES, EMMELINE, BERTHE, CONSTANCE.

Mlle DE BRENNES.

Hé bien! chères enfants, comment avez-vous

trouvé la petite comédie de mesdames de Rêverose?

EMMELINE.

Ma tante, souverainement ridicule.

BERTHE.

Extravagante, en vérité.

Mlle DE BRENNES.

Et toi, Ernesta?

ERNESTA.

Mais, ma tante, quand on est malade.... qu'on a très-mal au cœur... qu'on est très-sensible... on...,

Mlle DE BRENNES.

Je t'ai vue malade, mon enfant, je te crois très-sensible, et, pourtant, jamais tu n'as fait de pareilles grimaces.

ERNESTA.

Mais, ma tante, M. Tâtepouls, votre médecin, que vous dites très-habile, reconnaît lui-même qu'on peut avoir mal aux nerfs.

Mlle DE BRENNES.

Sans doute, mais pour une note manquée; pour une piqûre de mouche; pour un petit amour-propre froissé faire des contorsions et tomber en syncope; voilà ce qui est une pure comédie; ce qui annonce un caractère mou, et une tête vide de bon sens. Du reste, mes enfants, je vous dirai que, grâce à ces scènes renouvelées déjà dans plusieurs salons, les demoiselles de Rêverose excitent la moquerie des méchants, la pitié des gens raisonnables; et il n'est pas une mère sage qui veuille permettre à sa fille de se lier avec *les romantiques*, car c'est le nom sous lequel, maintenant, toute la ville les connaît et les désigne.

BERTHE.

Oh ! ma tante, si vous saviez comme leur conversation est insipide ! Je ne conçois pas comment avec ton esprit espiègle et fin, Ernesta, tu te laisses prendre aux fadaises et aux platitudes que débitent ces pauvres jeunes personnes.

EMMELINE.

D'autant plus, Ernesta, que tu raisonnes très-bien ; que ton jugement est droit, et que bien des fois, déjà, il a rendu des arrêts plus dignes d'une grande personne que d'une petite fille.

Mlle DE BRENNES.

Je n'ai pas besoin de vous dire, mes enfants, que nous n'irons plus aux soirées de madame de Rêverose. Vous voyez qu'elle a trompé ma confiance. Elle m'avait dit qu'elle n'aurait que quelques personnes, et elle en a eu plus de cinquante. Ernesta, je ne t'ai pas perdue de vue. Tu faisais des mines, tu te donnais des airs tout nouveaux pour toi, et qui, je t'assure, t'ont fait remarquer d'une manière fâcheuse. En un mot, j'ai cherché, vainement en toi, la simplicité de tes sœurs : voilà une quinzaine de jours, mon enfant, durant lesquels j'ai fait de tristes réflexions à ton sujet. Je crains que la légèreté de ton caractère ne te soit funeste; et, en jetant les yeux sur l'avenir, ma fille, je suis inquiète, je l'avoue. Eh! quoi, quelques conversations extravagantes, quelques relations avec de jeunes évaporées ont suffi pour te faire oublier les exemples de tes sœurs et les conseils de ma tendresse.

ERNESTA.

Oh! ma bonne tante, je vous assure que j'avais l'intention d'être très-bien.

Mlle DE BRENNES.

Je sais bien que ton défaut n'est pas de manquer du désir de plaire aux autres, mais bien au contraire de vouloir trop t'en faire admirer. Tu as minaudé presque autant que Nuageuse; encore quelques efforts et tu auras atteint Crépusculine. Allons, mon enfant, je t'en prie; reprends un maintien simple et des manières sans affectation.

ERNESTA.

Oui, ma tante.

Mlle DE BRENNES.

J'ai à écrire. Chers enfants, je vous laisse un peu. Emmeline, fais une lecture à tes sœurs pendant qu'elles travailleront. (Elle sort.)

EMMELINE.

Oui, chère tante.

ERNESTA.

Nous en sommes restées au règne de Louis XIV.

BERTHE.

Allons, voilà qu'on va nous interrompre. J'entends la sonnette.

EMMELINE.

C'est sûrement quelque visite.

SCÈNE III.

LES MÊMES, LES DAMES DE RÊVEROSE.

Mme DE RÊVEROSE.

Bonjour, charmantes jeunes filles. Je vous amène mes agneaux.

CRÉPUSCULINE.

Oui, nous n'avons pu résister au plaisir de vous faire connaître de délicieuses stances que Nuageuse a composées cette nuit.

NUAGEUSE.

Ne pouvant dormir, j'ai appelé à mon aide les neuf Sœurs.

BERTHE.

Et vous êtes allée faire une promenade rafraîchissante sur Pégase au bord de l'Hypocrène ?

EMMELINE.

Permettez, Mesdames, que j'aille avertir ma tante. Elle sera bien aise d'entendre les vers de mademoiselle Nuageuse.

NUAGEUSE.

Oh ! C'est bien faible, bien médiocre.

Mme DE RÊVEROSE.

Il ne faut pas sacrifier la vérité à la modestie, chère colombe.

CRÉPUSCULINE.

Chère Ernesta, savez-vous que vous avez eu d'immenses succès hier? Notre société a été ravie de votre grâce et de votre beauté!

NUAGEUSE.

On vous a comparée à une fleur des vallées.

Mme DE RÊVEROSE.

Et à un oiseau-mouche.

ERNESTA.

Oh! Madame, je ne suis ni gracieuse ni belle.

Mme DE RÊVEROSE.

Erreur qui vous rend délicieuse, chère ange!

BERTHE.

Mademoiselle Nuageuse est-elle remise de l'émotion si douloureuse que je lui ai causée?

NUAGEUSE.

Un peu. Mais ce n'était pas seulement la note fausse qui m'avait émue, c'était aussi le trouble causé par la crainte de chanter au milieu de cette foule élégante et difficile qui nous entourait; car, je suis si timide et si délicate qu'un rien m'irrite et me met à la mort.

BERTHE.

Cependant, vous revenez à la vie sans une trop longue attente de la part de ceux qui vous aiment?

NUAGEUSE.

Quelquefois je reste longtemps dans cet état indéfini qui semble me suspendre entre l'existence et la tombe.

Mme DE RÊVEROSE.

Et les angoisses de ta mère sont alors indicibles, Céleste enfant ! parfum de ma vie !!!

SCÈNE IV.

LES MÊMES, MADEMOISELLE DE BRENNES.

Mme DE RÊVEROSE.

Je suis vraiment confuse de venir vous voir si matin; mais je sais que les premières heures du jour ne vous trouvent jamais la paupière close ; et puis je sais aussi que vous aimez infiniment la poésie.

Mlle DE BRENNES.

Infiniment, c'est beaucoup dire ; mais je l'aime et l'apprécie quand elle est belle, Madame.

Mme DE RÊVEROSE.

Notre siècle est fécond en génies ; mais entre ceux qui l'illustrent, il semble qu'Apollon ait doué d'une portion de lumière plus transparente, plus pure, plus diaphane certains esprits privilégiés.

BERTHE.

Et je gage que mademoiselle Nuageuse est du nombre.

NUAGEUSE.

Berthe, si vous n'étiez pas si naïve, je vous croirais piquante.

BERTHE.

Oh ! du tout. Je suis tout à fait pacifique.

ERNESTA.

Tu as bien quelquefois l'humeur un peu belliqueuse.

Mlle DE BRENNES.

C'est donc mademoiselle Nuageuse qui est poëte ?

Mme DE RÊVEROSE.

Jeune poëte ; elle commence à prendre son essor ; et Crépusculine qui s'est déjà beaucoup occupée de poésie la laisse maintenant un peu de côté.

CRÉPUSCULINE.

Je fais des plans; mais je ne veux pas encore les clore. J'aime l'espace et ne puis souffrir l'arrêté ; aussi l'ode au vol ambitieux, bizarre, désordonné a seule été mon idole.

Mme DE RÊVEROSE.

Ma Nuageuse, commence.

NUAGEUSE.

Puisque vous l'ordonnez, mère bien aimée. (Elle déroule une feuille de papier.) Stances à ma mère.

CRÉPUSCULINE.

J'idolâtre ce titre, stances ! Ce mot a quelque chose de cadencé qui révèle toute l'âme du poëte.

Mme DE RÊVEROSE.

A ma mère! à ma mère! tout est renfermé dans ce mot de mère, mère! mère!! ah! une mère!!!

CRÉPUSCULINE.

Et ce à, maman, comment le trouvez-vous? cette préposition est délicieusement placée. J'aime beaucoup mieux : Stances à ma mère que l'inversion, quoiqu'elle soit fort en usage. Ainsi, Stances à ma mère est bien préférable à : A ma mère, stances.

NUAGEUSE.

Stances à ma mère.

Mme RÊVEROSE.

A ma mère! heureuse mère!!

NUAGEUSE.

Stances à ma mère.

Plus doux que le velours...

CRÉPUSCULINE.

Que le velours, ah! voilà une idée qui a le mérite de la nouveauté! oh! petite mère, il faut demander aux littérateurs de notre siècle un brevet d'invention pour ce velours.

Mme DE RÊVEROSE.

Le velours! comme cela fait image! Sentez-vous, mademoiselle Berthe, la douceur, la souplesse, la mansuétude de ce velours?

BERTHE.

Oh! Madame, je me figure le plus doux des velours.

NUAGEUSE.

Plus doux que le velours, le doux nom de ma mère...

Mme DE RÊVEROSE.

Voilà un délicieux alexandrin.

NUAGEUSE.

Plus doux que le velours, le doux nom de ma mère
Revient, à chaque instant, charmer mon souvenir.

CRÉPUSCULINE.

Revient! ce nom qui revient : c'est naïf.

Mme DE RÊVEROSE.

A chaque instant! quelle tendresse!! ce n'est pas à chaque jour, à chaque heure; mais à chaque instant.

CRÉPUSCULINE.

Charmer mon souvenir. Je ne connais rien de plus sonore que ce mot souvenir. Ernesta, aimez-vous les mots en ir? Comprenez-vous le prolongement de cet ir?... Toujours cet ir a fait sur mon âme l'impression d'une corde de harpe : ir..... ir..... c'est enchanteur les mots en ir.

ERNESTA.

C'est vraiment gracieux.

BERTHE.

Ir... Oui, j'aime aussi les irrrr.

NUAGEUSE.

Et pendule du cœur, la mémoire...

Mme DE RÊVEROSE.

Et pendule!.... arrête..... c'est le superlatif du beau.

CRÉPUSCULINE.

Pendule !

Mme DE RÊVEROSE.

Du cœur !

CRÉPUSCULINE.

La mémoire !

Mme DE RÊVEROSE.

Oh ! ma bien-aimée, tu es à couronner. La mémoire ! pendule ! pendule !

CRÉPUSCULINE.

Du cœur ! pendule ! Oh ! cette pendule est féerique ! On la voit, et l'imagination la couvre de tous les souvenirs de la vie. Pendule !

Mme DE RÊVEROSE.

Du cœur ! Le cœur, chef-d'œuvre de notre être ! Le cœur !.... Mademoiselle de Brennes, vous vous taisez ?

Mlle DE BRENNES.

Je ne donne pas encore mon jugement, Madame ; mais j'attends la fin du morceau avec impatience.

Mme DE RÊVEROSE.

Je comprends cette admiration silencieuse, et cette impatience de voir se couronner l'édifice. Continue donc, ma muse.

NUAGEUSE.

Et, pendule du cœur, la mémoire si chère,
Sonne, tinte ce nom, mon bonheur, mon plaisir !

Mme DE RÊVEROSE.

Sonne ! on entend...

CRÉPUSCULINE.

Tinte... cette cloche du cœur ; ce tintement !...

Mme DE RÊVEROSE.

Ce nom ! nom de mère ! heureuse mère ! ! !

CRÉPUSCULINE.

Mon bonheur !

Mme DE RÊVEROSE.

Mon plaisir !...

CRÉPUSCULINE.

Tinte... oh ! tinte... ce tintement !...

BERTHE, à part.

Oh ! oui, ce tin, tintin, tintinet... ah !...

Mlle DE BRENNES.

Voudriez-vous, Mademoiselle, nous redire la stance entière ?

NUAGEUSE.

Oh ! je crains d'abuser de votre complaisance.

Mlle DE BRENNES.

Non, non, Mademoiselle.

BERTHE, avec affectation.

Divine poésie !

CRÉPUSCULINE.

Je commence à croire que Berthe va devenir romantique.

BERTHE.

Oh ! romantique passionnée ! extra-romantique !

Mme DE RÊVEROSE.

Et Emmeline ?

EMMELINE.

Oh ! Madame, je suis tout à fait dans l'ornière du classique.

Mme DE RÊVEROSE.

Pauvre petite !

NUAGEUSE.

Stances à ma mère :

Plus doux que le velours, le doux nom de ma mère
Revient, à chaque instant, charmer mon souvenir;
Et, pendule du cœur, la mémoire si chère,
Sonne, tinte ce nom, mon bonheur, mon plaisir!

Mme DE RÈVEROSE.

Votre jugement, mademoiselle de Brennes? il sera sûrement l'interprète de la vérité dont vous êtes l'aimable organe.

Mlle DE BRENNES.

Comme je désire beaucoup, Madame, profiter de cette heureuse occasion pour former le goût de mes nièces, permettez, s'il vous plaît, que je leur fasse analyser les vers de mademoiselle Nuageuse, avant de leur faire connaître mon sentiment. Vous nous réciterez toutes les stances, n'est-ce pas, Mademoiselle?

NUAGEUSE.

Je les terminerai prochainement; cette nuit, je les ai suspendues pour prêter l'oreille aux cadences harmonieuses d'un jeune rossignol.

ERNESTA.

Vous n'avez donc pas fermé l'œil? oh! je vous plains.

NUAGEUSE.

Ne me plaignez pas : dormir, manger, calculer, tous ces soins vulgaires font mon supplice! C'est la potence de l'esprit.

BERTHE.

Le sommeil, une potence ! mais, rien n'est si doux !

NUAGEUSE.

Fi donc !

CRÉPUSCULINE.

Et vous mangez sans douleur ?

BERTHE.

Oui, pourvu que je n'aie pas mal aux dents.

Mlle DE BRENNES.

Pauvre Berthe ! tu vas ravir à ces dames l'espoir de te rendre romantique.

CRÉPUSCULINE.

Voyons, ne préférez-vous pas la fraîcheur des rosées matinales, le parfum des fleurs, les vapeurs de l'air pur aux aliments grossiers dont vivent les hommes ?

BERTHE.

Non, vraiment. Et les gastrites douloureuses, fruit d'un pareil jeûne, vous les oubliez ?

EMMELINE.

Est-ce que vous vous êtes mises à ce régime amaigrissant, Mesdemoiselles ?

NUAGEUSE.

Pas tout à fait, mais presque.

BERTHE.

Oh ! quel système économique !

CRÉPUSCULINE.

Très-coûteux, au contraire. Nous consommons

de l'éther et de la crême en abondance; et, cette quintessence de toutes choses, dont nous vivons, est fort chère.

Mme DE RÊVEROSE.

Mais, je m'aperçois, Mesdames, que nous nous oublions près de vous. Au revoir; je vous recommande les stances.

TOUTES.

Adieu, au revoir, adieu.

ACTE TROISIÈME.

SCÈNE I.

La scène représente une chambre meublée à l'antique.

Mlle DE GRISDORÉ, rangeant des papiers.

J'ai beau dire à ma nièce qu'elle fait des folies, elle n'en veut rien croire et va toujours le même train. — Certainement, tout cela finira mal. — Je suis effrayée de l'énorme disproportion des dépenses et des revenus. — Quel siècle! autrefois, de mon temps, enfin, une femme passait sa vie avec trois robes; quatre, au plus; et elle avait l'air d'une princesse. Aujourd'hui, il en faut une tous les huit jours, sans compter toutes les fanfreluches dont on les accompagne : châles, mantelets, mantilles, écharpes, plumes, fleurs, bijoux. — C'est à en perdre la tête. Du reste, mes nièces s'habillent comme des reines de Saba. On dirait à les voir qu'elles possèdent le Pérou et la Côte d'Or. — Enfin, je ne veux plus aucunement me charger des comptes de la maison. Cela m'use, m'accable, me tue ! qu'elles s'en tirent comme elles pourront. — Je vais acheter une petite maison de campagne, et j'irai finir là mes jours. J'aurai quelques poules ; mon angora, mon épagneul, chien magnifique ! ami fidèle ! Phanor ! — Mais où est donc ma tabatière ? (Elle cherche) Ah ! la voilà. — Et mon mouchoir de poche ?... ah ! le voici... — Et ma canne ?... Bon, derrière mon fauteuil. — Et mes besicles ? — Allons, elles sont perdues. — Que vais-je devenir ? hélas ! je suis aveugle sans elles. — Ah ! les voilà sur mon nez. — Quelle joie ! — Allons voir mon notaire, et dépêchons-nous, car j'entends sonner, et sûrement ce sont des fournisseurs de parfums et de gâteaux qui viennent me rompre la tête des mémoires infinis de mes nièces. Elles consommeraient bien à elles seules tous les aromates de l'Arabie et toutes les friandises de chez Félix. On frappe, — je ne pourrai pas échapper. Entrez.

SCÈNE II.

Mlle DE GRISDORÉ, MARGUERITE.

MARGUERITE.

J'ai bien l'honneur de saluer Mademoiselle et de lui apporter, de la part de mademoiselle de Brennes, un bouquet de notre jardin.

Mlle DE GRISDORÉ.

Il est charmant et il embaume déjà toute ma chambre. Mademoiselle de Brennes a toujours des attentions pour moi ; elle sait que j'aime beaucoup les fleurs et ne m'en laisse jamais manquer. Mais, asseyez-vous donc, ma bonne fille, je veux un peu causer avec vous. Vous êtes de mon temps, ma pauvre Marguerite : c'était un heureux temps que celui-là. A présent, tout est changé, renversé, renouvelé ! Il semble qu'un monde nouveau a pris la place de l'ancien : simplicité, bonne foi, loyauté, respect à l'autorité et à la vieillesse, oh ! que tout cela est devenu rare ! Par exemple, votre bonne et vénérable maîtresse a fort bien élevé ses nièces ; elles sont douces, modestes, polies, en un mot dignes de leur tante.

MARGUERITE.

Mademoiselle est bien bonne. Il faut avouer aussi que ces chères enfants sont gentilles, sans prétention, économes, attentives et laborieuses.

Mlle DE GRISDORÉ.

Oui, oui, elles cousent, elles raccommodent, elles prient le bon Dieu de tout leur cœur, tandis que hélas! d'autres jeunes filles, que je connais, se promènent, vont au spectacle, lisent des romans, se pomponnent et n'ouvrent jamais un livre de prières. Aussi tout cela finira mal.

MARGUERITE.

Là, Mademoiselle, on dit que tout cela est de mode, maintenant.

Mlle DE GRISDORÉ.

Triste mode, hélas! Allons, que veut Cora?

SCÈNE III.

LES MÊMES, CORA.

CORA.

Voici des mémoires.

Mlle DE GRISDORÉ.

Bon, je les attendais. C'est bien, Cora, allez.

(Cora sort.)

MARGUERITE.

J'ai bien l'honneur de saluer Mademoiselle, et de la remercier d'avoir bien voulu causer avec une pauvre fille comme moi.

Mlle DE GRISDORÉ.

Comment, Marguerite! mais, je voudrais qu'il y eût dans bien des têtes que je connais, un seul grain du bon sens qu'il y a dans la vôtre. Bien des choses qui vont mal iraient mieux! Mes affectueux souvenirs et tous mes remercîments à vos excellentes demoiselles.

SCÈNE IV.

Mlle DE GRISDORÉ, ouvrant les mémoires.

Voyons ce fouillis.

Mémoire du parfumeur :

Essence éthérée. . . .	25 fr.	10
Quintessence de tubéreuse.	40	00
Lait d'amandes de lotus.	10	08
Fleurs d'automne. . . .	12	15
Roses de mai.	29	07
Vapeur d'orange. . . .	16	09
Ebullition de violettes. . .	5	20
Suc de lis indien. . . .	21	05
Moelle de tigre fortifiante.	30	00
Cervelle de zèbre. . . .	28	25
Graisse de girafe. . . .	45	00

En vérité, elles sont folles! Le parfumeur leur fait pourtant avaler tout cela, tous ces sucs, toutes ces moelles et toutes ces vapeurs qui ne sont réellement qu'un peu de colle et de beurre rance. Oh! les sottes filles! Mais, voici le compte du libraire.

Il doit être curieux celui-là! Elles dévorent jour et nuit un fatras d'extravagances à charger des navires. Voyons les titres de ces brochures :

Elle n'est plus !

C'était moi !

C'était toi !

C'était lui !

C'était elle !

Un son !

Une larme !

Un soupir !

La tête sanglante !

Oh! voilà qui devient dramatique! Ces dames aiment beaucoup les émotions, et si on ne leur raconte pas une douzaine d'assassinats par jour, elles se meurent de tristesse.

Le bras coupé.

Le dernier jour d'un guillotiné.

Le pendu.

La galérienne.

Mais, c'est charmant! d'une douceur et d'un bon goût des plus suaves. Du reste ces sottises ravissantes ne coûtent que la bagatelle de 1,250 fr., y compris toutefois, une série de feuilletons et de poésies dont je me dispense de dire les noms insensés. Allons, laissons toutes ces fadaises et sortons. (On frappe.) Entrez. Quelle patience il faut avoir !

CORA.

Voilà le journal de Mademoiselle.

Mlle DE GRISDORÉ.

Je vous remercie, Cora. Voyons que je parcoure les nouvelles diverses. J'y trouve de temps en temps, quelque chose de la province qui me vit naître. Chère Provence ! (Elle lit.) Sens, Tonnerre, Avalon... Tout cela ne m'intéresse pas. Lyon. Ah ! c'est différent, j'ai là des connaissances. (Elle lit bas ; après un moment, elle s'écrie.) Ciel, que vois-je ! Est-ce bien vrai?.. Puis-je en croire mes yeux?.. relisons. M. Nogentin, négociant, rue Belle-Chasse, 17, vient de faire une faillite de 1,800,000 francs!.. Oui, oui, c'était bien chez cet honnête industriel que ma nièce avait placé 200,000 francs. — Poursuivons. Il s'est enfui avec sa famille, emportant, dit-on, des valeurs considérables. C'est vraiment affreux !.. et comment annoncer une si pénible nouvelle !

SCÈNE V.

Mlle DE GRISDORÉ, Mme DE RÈVEROSE.

Mme DE RÈVEROSE.

Chère tante, nous allons sortir pour choisir un cachemire que je désire avoir pour faire demain ma visite à la femme du général Mirex qui vient d'arriver dans nos murs.

Mlle DE GRISDORÉ, à part.

Elle est aussi prodigue qu'une jeune étourdie de seize ans. (Haut, en présentant le journal.) Lisez, ma nièce.

Mme DE RÊVEROSE, s'évanouissant.

Oh ! malheur !

SCÈNE VI.

LES MÊMES, CRÉPUSCULINE, NUAGEUSE, CORA.

CRÉPUSCULINE.

Quel cri déchirant !

NUAGEUSE.

L'aile de la douleur vient-elle nous effleurer ?

CRÉPUSCULINE.

Mère ! mère ! ô mère bien-aimée !

Mme DE RÊVEROSE.

Je me meurs !

NUAGEUSE.

Cora, allez chercher de l'essence éthérée.

CRÉPUSCULINE.

Non, de l'odorangée.

NUAGEUSE.

Non, de la rose nectarisée.

Mlle DE GRISDORÉ.

Allez donc, Cora ; rapportez la première venue et n'allez pas m'embarrasser de tout un magasin de parfumerie.

CRÉPUSCULINE.

Mais, ma grand'tante, ma petite mère se meurt !

NUAGEUSE.

O mère tant aimée, réponds à ma douloureuse plainte.

(Cora revient chargée de coffrets et de flacons.)

Donnez-moi vite la nectarisée.

NUAGEUSE.

Oh ! non, donnez l'odorangée.

Mlle DE GRISDORÉ.

Allons, Cora, donnez-leur toute la boutique et que tout cela finisse.

Mme DE RÊVEROSE.

Oh ! laissez-moi mourir !

CRÉPUSCULINE.

Mère !

NUAGEUSE.

Petite mère !

Mme DE RÊVEROSE.

Je veux mourir !

CRÉPUSCULINE.

Mais, quelle est donc la cause d'un si noir dessein?

Mlle DE GRISDORÉ, lui donnant le journal.

Lisez, Mademoiselle.

(Crépusculine lit et se laisse tomber sur une chaise; Nuageuse lit et s'évanouit sur un fauteuil.)

CORA.

Nous voilà dans une jolie passe! (On frappe.)

Mlle DE GRISDORÉ.

Ouvrez, Cora. Plaise à Dieu que ce soit mademoiselle de Brennes! J'ai bien besoin d'une femme au milieu de toutes ces femmelettes qui ne savent ni prévenir un malheur ni le supporter.

SCÈNE VII.

LES PRÉCÉDENTS, Mlle DE BRENNES, EMMELINE, BERTHE, ERNESTA.

Mlle DE GRISDORÉ.

Vous arrivez bien à propos, chère Mademoiselle: madame de Rêverose veut mourir, Crépusculine défunte, et Nuageuse trépasse.

Mlle DE BRENNES.

Serait-il arrivé quelque accident funeste?

Mlle DE GRISDORÉ.

La perte de deux cent mille francs.

Mlle DE BRENNES.

Oh ! c'est un grand malheur, je l'avoue.

Mlle DE GRISDORÉ.

Oui, mais il reste encore à mes nièces deux cent mille francs.

Mlle DE BRENNES.

Avec cette fortune, des femmes qui ont de l'ordre et de l'économie, peuvent vivre honorablement.

NUAGEUSE.

Oh ! non, non ; c'est impossible. Nous sommes ruinées, indigentes, misérables ! Il faut mourir !

CRÉPUSCULINE.

Oui, oui, mourir ! mourir !

Mlle DE GRISDORÉ.

Hé bien, mourez ; qu'on vous enterre et que cela finisse !

BERTHE.

Mesdemoiselles, croyez-m'en, allez, vivez, laissez de côté le luxe et les plaisirs du monde, et vous verrez combien peut être douce la vie simple et modeste.

NUAGEUSE, *ouvrant les yeux.*

Qui veut me faire vivre malgré moi?

Mlle DE GRISDORÉ.

Personne. Mourez.

CRÉPUSCULINE.

Oh ! ma grand'tante, vous êtes vraiment cruelle !

Mlle DE GRISDORÉ.

Mais, enfin, ma nièce, que voulez-vous que je fasse au milieu de tant d'agonisantes ?

NUAGEUSE.

Nous serons obligées d'habiter la campagne, et c'est affreux !

CRÉPUSCULINE.

Nous ne pourrons plus lire les ouvrages nouveaux, nos écrivains, nos poëtes, nos romanciers chéris, et c'est épouvantable !

Mme DE RÊVEROSE.

Je ne pourrai plus, filles bien-aimées, mes bijoux, ma beauté, ma gloire, vous voir briller dans les salons, et ce sera désespérant ! Oh ! mes anges ! mes pauvres anges ! !

Mlle DE GRISDORÉ.

Voyons, finissons ces inutiles et ridicules lamentations. Nous partirons dans huit jours pour la campagne ; nous cesserons toute vaine dépense de mise, de table, d'équipage, et nous serons heureuses, si vous voulez être raisonnables.

Mlle DE BRENNES.

Croyez, Mesdames, que la tranquillité, le contentement intérieur qui vient d'une vie retirée et laborieuse donnent une paix inexprimable et dont vous goûterez bientôt les douceurs, n'est-il pas vrai, mes enfants!

EMMELINE, BERTHE, ERNESTA.

Oh! oui, ma tante.

Mlle DE BRENNES.

Adieu, Mesdames, vous avez besoin de repos.

CRÉPUSCULINE.

Pour pleurer!.....

NUAGEUSE.

Nos malheurs.

Mme DE RÊVEROSE.

Nos irréparables malheurs!

FIN DES ROMANTIQUES.

PHILAMINTE

OU

LA MALADE IMAGINAIRE.

PERSONNAGES.

MADAME DES ORMES.
PHILAMINTE. } nièces de madame des Ormes.
ISABELLE. }
BABET, femme de chambre de Philaminte.
SUZETTE, sœur de lait d'Isabelle.

PHILAMINTE

OU

LA MALADE IMAGINAIRE.

PREMIER TABLEAU.

SCÈNE I.

PHILAMINTE, BABET.

PHILAMINTE.

Approche-moi, Babet, cette verte causeuse,
Que j'y pose un moment ma tête douloureuse;
Elle tombe aujourd'hui, sous un joug oppresseur :
On dirait que mon pouls veut rompre avec mon cœur
Ces fraternels rapports dont l'heureuse harmonie
Préservent de la fièvre et de la pulmonie.
Je crois que mon esprit commence à divaguer...
Déjà mes tristes yeux ne peuvent distinguer
Les objets élégants qui, remplissant l'espace,
Au vide en ce séjour font succéder la grâce.
Le frisson, messager du torturant accès,
Ose m'accompagner jusque sous ces bosquets,
Où j'avais espéré que la brise légère
Allait me rendre enfin une santé prospère.

Mais, non, non, je le sens, il faut jusqu'au trépas
De l'atroce douleur soutenir les combats.
Ah ! Babet, je me meurs au printemps de ma vie !...
La rose, dès l'aurore, est sur mon teint flétrie !
Ciel ! quelle main de fer me presse le larynx?
Quel filament lésé se rompt dans le pharynx?
De l'eau, vite, de l'eau de cette fleur charmante
Dont j'aime à consommer la liqueur bienfaisante;
Don précieux ! que Flore en sa noble bonté
Porta sur notre France un doux matin d'été.
Babet, baigne mon front du parfum balsamique,
Épanche dans mes mains le suc aromatique.
Puis remets le flacon dans un de ces coffrets
Où le coton le cache aux zéphyrs indiscrets.

BABET.

De grâce, ranimez un peu votre courage;
Cette fièvre est l'effet naturel du voyage.
Croyez-moi, vous verrez à ce mal accablant,
Avant peu, succéder un état florissant.

PHILAMINTE.

Ah ! ne me berce plus d'une vaine espérance;
Tu sais comme a passé ma souffreteuse enfance :
Comme la toux perfide et le rhume cruel
Prirent mon faible corps pour champ de leur duel;
Comme la coqueluche en sa noire furie,
Dès mon berceau voulut anéantir ma vie;
Comme, plus tard, le croup déguisant ses desseins,
Une fois m'étreignit dans ses doigts assassins.

Je ne veux point ici fatiguer ta mémoire
De cette douloureuse et lamentable histoire
Qui me fit le jouet de leurs jeux malfaisants,
Et dans laquelle, hélas ! j'aurais laissé deux dents,
Si l'illustre docteur dont tout Paris raffole,
Au moyen radical d'une célèbre fiole,
Contre les ennemis assiégeant mon palais
Soudain n'eût déployé l'étendard du succès.
C'est à lui que je dois le complet des molaires :
Aussi plus d'une fois de lauriers littéraires
A ses pieds je semai le feuillage naissant.

BABET.

Des maladroits osaient l'appeler charlatan !
Quel mensonge !

PHILAMINTE.

Hélas ! Oui, la noire calomnie
En tout temps, ici-bas, poursuivit le génie !
Mais, je crois qu'Isabelle arrive auprès de nous.
— Ciel que j'ai mal au dos et quelle affreuse toux !
— De la gomme.

BABET.

En voilà.

SCÈNE II.

PHILAMINTE, ISABELLE, BABET.

ISABELLE.

Bonjour, ma Philaminte,
De quelque nouveau mal êtes-vous donc atteinte,

Puisque le doux tableau d'un matin de printemps
N'a pu vous arracher à vos appartements?
Déjà, de nos forêts, la mousse et la bruyère
Ont doucement plié sous ma course légère ;
Mon œil a contemplé dans la pourpre du ciel,
Le réveil triomphant, d'un superbe soleil ;
A son petit lever, j'ai surpris l'alouette
Consultant le ruisseau sur l'art de sa toilette.
Puis, s'élançant d'un bond, jusqu'aux hauteurs des cieux
Adresser au Seigneur son cantique joyeux.
Ma main, en effeuillant une rose sauvage,
D'une abeille attentive a dérangé l'ouvrage,
Mais à tous ces plaisirs vos doux regards manquaient,
Et mon cœur et ma voix tous deux les appelaient.

PHILAMINTE.

A vous, ma sœur, à vous, la douce indépendance;
A moi, le lourd boulet d'une longue souffrance.
Vous pouvez sans danger du soir et du matin
Recevoir la rosée et l'humide serein;
Vous pouvez supporter une marche lointaine
Sur la froide montagne ou dans l'aride plaine;
Vous pouvez du Midi braver les vents affreux,
Comme de l'Aquilon le souffle rigoureux.
La nature pour vous a vraiment été mère;
Hélas! ce fut sur moi que tomba sa colère :
Et dès votre berceau l'on vit la faculté
Vous accorder, gratis, un brevet de santé.

ISABELLE.

Il est vrai que du sort je n'ai point à me plaindre.
Comme vous, chère sœur, jamais je n'eus à craindre

L'inconstance du temps, les caprices des nerfs,
Les retours de la fièvre et tous ces maux divers,
Sous lesquels chaque jour je vous vois, chancelante,
Ignorer les exploits d'une arme triomphante.
Mais permettez qu'ici, sans cesser de garder
L'affectueux respect que doivent m'inspirer
Et votre expérience et votre droit d'aînesse,
Je vous donne un avis dicté par la tendresse :
Il me semble que si vous preniez peu de soins
Vaus auriez le bonheur de souffrir beaucoup moins.

PHILAMINTE.

Erreur ! que je pardonne à l'heureuse ignorance
Que de la maladie eut toujours votre enfance.
Hélas ! ce que n'a pu l'art du fils d'Apollon
Pourrait-il se trouver dans l'entier abandon
De la méthode utile et du sage régime,
Dont l'accomplissement encore un peu ranime
Ce débile estomac, et ce trop faible cœur
Sans cesse menaçant d'expirer de langueur?
Vous ne vous doutez pas, ma robuste Isabelle,
Quelle serait la suite et fatale et cruelle
Du conseil dangereux que vous pensez si bon !

ISABELLE.

Je le crois cependant l'œuvre de la raison ;
Essayez-en; fixez une époque prochaine,
Par exemple, trois jours ou même une semaine,
Pour expérimenter un peu son résultat;
Et si vous vous trouvez dans un plus triste état,
Vous reprendrez, ma sœur, le jeûne et la tisane

Auxquels il sera sûr que le sort vous condamne.

PHILAMINTE.

Essayer! c'est-à-dire exposer au péril
Une vie attachée au plus fragile fil!
Fil dont la Parque encor hier dans la veillée
Voulut trancher hélas! la trop courte aiguillée!
Ah! laissez-moi du moins encore quelque temps
Traîner les sombres jours de mon pâle printemps!

ISABELLE.

C'était pour embellir d'une teinte brillante
Cette belle saison que rendent pâlissante
Les pensers soucieux dont se plaint votre cœur,
Que je vous proposais, dans ce site enchanteur,
De tenter un essai qui me semble facile
Et dont le plus grand mal serait d'être inutile.
Supprimez quelque temps le houblon et le lin;
Renoncez au gruau, repoussez le ricin;
Délaissez la pilule et le cruel emplâtre,
Le vomitif amer, l'onguent opiniâtre;
Et les anti-sanguins et les anti-nerveux
Qui vous ont donné pis en vous promettant mieux.

PHILAMINTE.

Pauvre enfant! la souffrance est pour elle un problème
Plus obscur mille fois que tous ceux d'un Barême.
Plaise au ciel que jamais l'inflexible douleur
N'exerce sur son être un pouvoir destructeur!
Mais, en reconnaissant sa tendresse inhabile,
Pour éclairer ses yeux n'échauffons point ma bile;
Je dois avec rigueur éviter les débats;

Ils me mettent toujours dans de fâcheux états.
Il me faut observer la sévère prudence
Dont je dois le conseil aux grands docteurs de France.

ISABELLE.

Vous payâtes, je crois, leurs sublimes avis
D'assez nombreux rouleaux d'écus et de louis?

PHILAMINTE.

Peut-on récompenser avec trop d'abondance
Le mot consolateur qui nous rend l'espérance?
Mais ne prolongeons pas ce combat inégal;
Je sens qu'à ma poitrine il peut être fatal.
Vos poumons font de vous un intrépide athlète,
Tandis qu'au premier choc on voit plier ma tête!
Allez, heureux soldat, sous l'ombrage des bois,
Disputer aux oiseaux la palme de la voix;
Pour moi, depuis longtemps, condamnée au silence
Sous mes rideaux je vais chercher la somnolence.
Heureuse que sa main daigne s'appesantir
Sur ces yeux fatigués de voir et de souffrir!
Babet, préparez-moi l'utile bassinoire;
Disposez l'édredon, et puis, je voudrais boire.

ISABELLE.

Quoi! vous ne viendrez pas avec moi faire un tour,
Et parcourir les bois de ce riant séjour?

BABET.

Si j'allais vous chercher la pâte pectorale?
Elle est de votre goût.

PHILAMINTE se regardant dans une glace.

O ciel, que je suis pâle!

Un amandé, bien vite. Ah ! que je me sens mal !
Ce changement de lieu me deviendra fatal.
Pour vous, ma sœur, allez errer à l'aventure
Sous les arbres fleuris, sur la fraîche verdure.
Revoyez ce grand parc dont vos jeux enfantins
Troublaient les doux ramiers et les jeunes lapins.
Hélas ! à ces beaux jours succéda la tristesse ;
Le deuil environna notre tendre jeunesse !
Orphelines, déjà, dans un pays lointain,
Nous allâmes chercher et science et chagrin.
Mais la parole meurt sur ma lèvre expirante !...
Soutenez, soutenez ma marche chancelante...
Votre épaule, Isabelle, et vous aussi, Babet ;
Traînez-moi toutes deux jusques à mon chevet.
De ma bouche, pourtant, approchez le breuvage.

ISABELLE.

Ah ! puisse-t-il, ma sœur, vous rendre le courage !

PHILAMINTE.

Je gage que j'aurai gagné quelque coup d'air ?

(Elle boit).

[amer !!!
Ah ! Babet ! quelle horreur ! pouah ! pouah ! que c'est
Que mon lit ne vient-il ? il serait bien aimable !
Car de l'aller trouver, je me sens incapable !
Cependant essayons, dans un sublime effort,
Malgré l'excès du mal, d'en atteindre le bord.
Adieu, chère Isabelle, adieu.

SCÈNE III.

ISABELLE, SUZETTE.

ISABELLE.

C'est toi, Suzette?
Tu viens donc de quitter ton chien et ta houlette?

SUZETTE.

De mes jeunes brebis j'ai hâté le festin,
Afin de revenir près de vous plus matin.
Voici déjà longtemps, ma petite maîtresse,
Que je n'ai, comme aux jours de ma tendre jeunesse,
Savouré le plaisir de causer avec vous :
Nous eûmes, toutes deux, des entretiens si doux !

ISABELLE.

Oh ! je t'aime toujours comme au temps de l'enfance
Dont j'ai gardé les goûts dans mon adolescence;
Tu me verras encor près de toi, dans ces lieux,
Reprendre avec plaisir nos courses et nos jeux.
Retrouve avec ta sœur, ta parole naïve;
Mon cœur serait blessé s'il te voyait craintive.
Rends-moi mon agneau noir, mon volant, mon cerceau.
On est toujours enfant auprès de son berceau.

SUZETTE.

Je croyais qu'à Paris, hélas ! c'était l'usage
De savoir dédaigner les plaisirs du village,
Que vous alliez rentrer dans ce riant séjour,
Avec tous les grands airs d'une dame de cour.
Oui, je l'avoue, hier, je fus vraiment surprise

De votre doux regard, de votre simple mise.

ISABELLE.

Au tumulte bruyant de la grande cité,
Je préférai toujours ce repos enchanté.
Les palais merveilleux, les pompes éclatantes,
Crois-moi, ne valent pas les fêtes ravissantes
Dont la nature en fleur réjouit ce manoir !
On se lasse, à Paris, d'écouter et de voir.
Esclave, malgré soi, de coutumes futiles,
Abandonnant ses jours à des soins inutiles,
Dans le fond de son cœur, on regrette, parfois,
La douce liberté des vallons et des bois.
C'est là ce que m'ont dit quelques femmes du monde,
Qui visitaient souvent la retraite profonde,
Où dans l'humble secret d'une sainte maison,
Du travail de l'esprit j'ai passé la saison.
Mais, il me semble entendre une légère plainte.
Adieu, je vais trouver ma chère Philaminte.

SCÈNE IV.

SUZETTE, seule.

Elle est toujours la même ! et sa franche gaîté
Sait encor s'allier à ma simplicité.
Revenez, doux plaisirs dont je pleurais la perte !
Courses sur les coteaux, danses sur l'herbe verte.
Nous allons joliment...

SCÈNE V.

SUZETTE, PHILAMINTE, BABET.

PHILAMINTE.

Soutiens-moi bien, Babet.
Et toi, petite fille, arrête ton caquet.
J'admire, en vérité, la force herculéenne
De tes puissants poumons et de ta longue haleine.
Tu fatigues ma tête, et brises mon tympan.
Dépêche, hâte-toi, fais paître dans le champ
Le bœuf et le mouton dont la chair indigeste
A mon frêle estomac hélas! fut si funeste!
Mais, dis-moi, que renferme ici la basse-cour?
Pourrai-je avoir du lait quatre ou cinq fois le jour?
Des œufs frais le matin?

SUZETTE.

Bien sûr, mademoiselle,
Nous avons dans l'étable une vache si belle!...
Et des poulettes donc!

PHILAMIMTE.

Viennent-elles du Mans?
Les autres me font mal.

SUZETTE.

Oui, par leurs grands mamans.

PHILAMINTE.

Ont-elles conservé les vertus de leur race?

SUZETTE.

Vous verrez; la plus maigre est encore trop grasse.

PHILAMINTE.

J'en consomme très-peu, mais j'en détruis beaucoup.
A-t-on facilement du poisson de bon goût?

SUZETTE.

Au moyen d'un canal adjoint à la rivière
Un brochet abondant ici vit et prospère.

PHILAMINTE.

Le garde des forêts revient-il quelquefois,
Son havre-sac garni des hôtes de nos bois?

SUZETTE.

Il trouve tant qu'il veut des lapins de garenne,
Et l'on fait un civet quatre fois la semaine.

PHILAMINTE.

Sais-tu des escargots préparer le bouillon,
Y mettre l'herbe fine et l'odorant oignon?

SUZETTE.

J'en ai fait une fois que le vétérinaire
L'ordonna pour l'ânon qui ne pouvait plus braire.

PHILAMINTE.

Il est vrai, nous tenons un peu de l'animal,
Et de s'en trop fâcher, vraiment ce serait mal.
Mais, je sens au talon une douleur affreuse!
Babet, à mon secours! c'est la crampe nerveuse.
Suzette, va chercher de l'eau froide du puits.
Essayons de marcher...... arrête...... je ne puis.....
Aïe, aïe, aïe! au secours! au secours, Isabelle!

BABET.

Personne ne revient; pauvre mademoiselle!
Allons, courage, allons.

PHILAMINTE.

Ah! je vais trépasser!

ISABELLE, accourant en riant.

Oh! laisse-moi du moins le temps de t'embrasser.

DEUXIÈME TABLEAU.

SCÈNE I.

ISABELLE, PHILAMINTE, BABET.

ISABELLE.

Malgré le souvenir des bontés de ma tante,
Je sens à son aspect mon âme un peu tremblante.
Sans doute qu'elle attend pour prix de ses bienfaits,
En sagesse, en savoir de rapides progrès.
Suis-je bien une enfant digne de sa tendresse?
Dans quel trouble, ma sœur, cette question me laisse.

PHILAMINTE.

Ah! que j'ai mal aux dents! Babet, de l'élixir!
Vite, dépêchez-vous ou je vais défaillir.

(Babet sort.)

SCÈNE II.

LES MÊMES, BABET.

PHILAMINTE.

Cela se calme un peu. Vous disiez, Isabelle?

BABET.

Comment vous trouvez-vous, pauvre mademoiselle?

PHILAMINTE.

Un peu mieux, mais pas bien; je vais me mettre au lit
Et veux qu'autour de moi l'on ne fasse aucun bruit.

ISABELLE.

Ma sœur, songez plutôt à faire une toilette.

PHILAMINTE.

Laissez-moi, laissez-moi, je ne suis point coquette.

ISABELLE.

En grâce, Philaminte, ayez un peu de cœur!
N'allez pas, écoutant une vaine frayeur,
Oublier les égards et le respect sincère,
Dus à celle qui fut notre seconde mère.
Lorsque de son retour le moment va venir,
Faut-il sous des rideaux aller s'ensevelir?
C'est vraiment un accueil qui sent l'impertinence.

PHILAMINTE.

Vous, tâchez de garder le timide silence
Qui convient à votre âge; et par votre babil
N'allez pas de mes jours rompre le faible fil.
Depuis que vous hantez les gens de ce village,
Vous oubliez un peu les formes et l'usage.
Vous perdez chaque jour le bon ton de Paris
Pour prendre les façons de ce triste pays.

ISABELLE.

Pardonnez, chère sœur, ma trop grande franchise.
Si je ne parle pas avec l'art qui déguise,
C'est que le temps nous presse, et qu'il serait cruel

De blesser la bonté de ce cœur maternel
Qui s'épuisa pour nous en si nobles largesses !

PHILAMINTE.

Je ne puis plus longtemps supporter vos rudesses.
Oui, vous comptez pour rien mes maux et mes douleurs.
En vain à vos regards se répandent mes pleurs !
A votre oreille en vain va s'exhaler ma plainte !
Hélas ! vous délaissez la triste Philaminte.
La nature et les arts absorbent vos loisirs;
Vous ne songez jamais qu'à vos propres plaisirs.

ISABELLE.

Vos reproches, ma sœur, sont-ils bien raisonnables ?
Ici, je sais trouver une vie agréable,
C'est vrai ; mais, dites-moi, puis-je vous engager
A sourire à mes jeux, à venir partager
Mes courses dans les bois, mes travaux, mes études ?
Et si, parfois, je veux à vos inquiétudes
Par ma douce gaîté faire diversion,
Ou chercher des moyens à votre guérison,
Vous savez galamment m'envoyer aux calendes.

PHILAMINTE.

Babet, j'ai mal au cœur, vite, du lait d'amandes.

ISABELLE.

Depuis bientôt huit jours que nous sommes ici,
J'ai voulu, pour tromper votre pénible ennui,
Vous faire visiter ce charmant paysage,
Cette plaine fleurie et ce site sauvage;
Je vous avais offert la croupe du grison
Mais, vous ne voulez pas sortir de la maison !

PHILAMINTE.

Je ne monterai point cette bête rétive
Pour que quelque accident au premier pas m'arrive.

ISABELLE.

Tomber sur le gazon ! mais voilà le plaisir !

PHILAMINTE.

Oui, tout le monde ici veut me faire mourir.
Ah ! quel malheur s'attache à ma triste fortune !

ISABELLE.

J'ai toujours le chagrin de vous être importune.

PHILAMINTE.

Allez vous amuser, laissez-moi le repos.
Babet, viens me prêter ou ton bras ou ton dos.

SCÈNE III.

ISABELLE, seule.

Quel caractère, hélas ! et qu'elle est malheureuse !
Quels travers désolants et quelle humeur fâcheuse !
Si jamais un époux vient demander sa main
Il aura sûrement un bien triste destin !
Mais, en la revoyant, que va dire ma tante ?
Elle s'attend, peut-être, à la trouver charmante ?
Elle croit que par nous vont s'embellir ses jours
Et que nos tendres soins en charmeront le cours !
N'apporterons-nous donc autour de sa vieillesse
Que l'ennui, le chagrin, la plainte et la tristesse ?

SUZETTE, chantant derrière le théâtre et s'avançant.

Petit, petit, petit
Oiseau fais ton nid

ISABELLE.

Allons, voilà ma sœur dans ses charmants transports.
Mais ! quel est donc ce bruit ? C'est ma tante, je pense.

(Elle sort avec Suzette.)

PHILAMINTE.

Ah ! mon cerveau se perd ! autour de moi tout danse.

SCÈNE V.

PHILAMINTE, BABET. (A part.)

BABET.

Il faut donc que j'avale et le vert et le sec !
Pourtant, je vais aussi présenter mon respect.

(Elle sort.)

SCÈNE VI.

PHILAMINTE, seule, ouvrant les yeux.

De l'éther ! de l'éther ! et de l'eau de cologne !
De celle qu'apporta mon cousin de Pologne.

(Elle regarde autour d'elle.)

On m'abandonne, hélas ! tout le monde me fuit !
Ah ! je n'ai plus d'espoir que dans mon pauvre lit.
Ami persévérant, toi seul restes fidèle.
Je bénis mille fois ta constance éternelle.
O mon duvet chéri ! mon moelleux édredon !
Bienfait de la nature et son plus heureux don !
A toi plus que jamais je veux vouer ma vie.

Que dans tes plis soyeux, toujours ensevelie,
J'oublie, en m'endormant, combien l'humanité
Est avare pour moi de sensibilité.
Je vais donc te trouver... Mais, ciel ! voilà ma tante !

SCÈNE VII.

MADAME DES ORMES, PHILAMINTE, ISABELLE.

Mme DES ORMES.

D'où vous vient, chère enfant, cette grande épouvante ?
Je vous surprends peut-être en votre négligé ?
Arrivé-je trop tôt ? Aurais-je dérangé
Quelque charmant projet ? quelque surprise aimable ?
Et comme votre sœur, prévenante, agréable,
Vous disposiez peut-être un gracieux couplet,
Ou de charmantes fleurs un suave bouquet ?

PHILAMINTE.

Chère tante, ces soins ne m'appartiennent guère.
Hélas ! je suis l'enfant de la douleur amère ;
Elle brise ma tête, elle attriste mon œil,
Et tout le jour me tient assise en un fauteuil.
Oui, sa chaîne a toujours captivé ma jeunesse :
Pendant que la nature, aveugle en sa tendresse,
Comble de ses bienfaits Isabelle, ma sœur,
Vous me voyez gémir sous son joug oppresseur.
Oh ! je souffre des maux à redire impossibles !
Mais à tant de tourments, les mortels insensibles,
Fatigués de mes cris et de mon noir chagrin,

M'abandonnent hélas ! à mon triste destin.
Qu'il est dur !

Mme DES ORMES.

Pauvre enfant !

PHILAMINTE.

Pardonnez-moi, ma tante,
D'épancher dès l'abord mon âme mécontente ;
Mais, depuis que je vois tout manquer à mon cœur,
J'ai senti redoubler mon mal et ma langueur.

Mme DES ORMES.

Confiez-vous à moi, je connais un remède
Auquel il faudra bien que la souffrance cède.
Mais, à l'heure qu'il est, ne parlons que de joie.
Approchez, chère enfant, que plus près je vous voie.
Je ne vous trouve pas encore agonisante.

PHILAMINTE.

Hélas ! vous vous trompez, je m'en vais, chère tante !
Et pour accroître encor, ma peine et ma douleur
Mes entours, sur ce point, sont toujours dans l'erreur.
Mais, hélas ! pour mourir que faudrait-il encore ?
Je fus, vous le savez, dès ma plus tendre aurore,
Un être étiolé, souffreteux, maladif,
Pâle comme un cyprès, triste comme un jeune if !

Mme DES ORMES.

Je vois que s'affaiblit votre ressouvenance.
On ne vous reprochait que trop de corpulence.
Pliant sous votre poids, charmant petit fardeau,
Nos bras étaient forcés de vous rendre au berceau.

A peine si le lait abondant de la chèvre
Pouvait désaltérer votre gourmande lèvre.
Avec avidité, vous savouriez encor
Les gouttes qui pendaient à l'humide rebord.

PHILAMINTE.

Il se peut qu'un moment, frisant l'hydropisie,
Je vous laissai penser que jamais la phthisie
N'assouvirait sur moi sa terrible fureur!

Mme DES ORMES.

C'est encor là, ma nièce, une innocente erreur.
Paisible enfant, jamais de votre tendre mère
A vos cris douloureux ne s'ouvrit la paupière.
Jamais, sous vos rideaux, son regard ne vous vit
Troubler la douce paix d'une tranquille nuit.

PHILAMINTE.

Le Léthé coule donc sur cette belle terre?
Ses flots vous font, ma tante, oublier la misère
De tant de maux divers qu'on put voir sans pitié
Me faire le jouet de leur inimitié?
Mais, j'espère qu'au moins la rougeole fâcheuse
N'est pas de mon esprit une histoire menteuse?

Mme DES ORMES.

Elle fut très-bénigne, et ne fit qu'effleurer
Votre front que l'on vit à peine transpirer.

PHILAMINTE.

Et ce fatal dépôt qui, menaçant ma vie,
Me laissa quinze jours un soupçon de folie?

Mme DES ORMES.

Ce ne fut, mon cher cœur, qu'un tout petit abcès

Dont le premier moment fut suivi du décès.

PHILAMINTE.

N'allez-vous pas encor refuser l'existence
A ce catarrhe affreux, enfant de l'imprudence,
Qui me saisit un soir sous des arbres touffus,
Et sous lequel, trois mois, mes poumons contenus
A l'air pur vainement demandaient ses largesses?

Mme DES ORMES.

On vous guérit, enfant, avec quelques caresses,
Et cinq ou six bonbons de chez Boutron-Roussel.

PHILAMINTE.

Vous errez, chère tante, et le fait n'est pas tel.
Au moins, pourrai-je ici vous demander justice
Pour le blanc panaris qui me mit au supplice?

Mme DES ORMES.

Ce n'était qu'un bobo dont la graine de lin
Termina promptement l'éphémère destin;
Mais je crains, mon enfant, que votre voix se lasse.
A table, près de moi, vous attend votre place.
Au dîner de Nanette allons donc faire honneur.
C'est vraiment un repas qui réjouit mon cœur.
Hélas! depuis longtemps, en face de l'absence,
Je cherche autour de moi votre aimable présence;
Et j'ai presque maudit le cas malencontreux
Qui depuis quelque temps m'éloigne de ces lieux,
Lorsque votre retour leur rendait tous leurs charmes.

ISABELLE.

Ah! votre tendre amour remplit mes yeux de larmes!

SCÈNE VIII.

LES MÊMES, SUZETTE.

SUZETTE.

Madame, sur le feu le dîner se rôtit.

Mme DES ORMES.

Qu'on le serve, je sens un très-bon appétit.

PHILAMINTE.

Moi, je n'ai jamais faim...

SCÈNE IX.

BABET, seule.

En revoyant madame
Je sens un peu d'espoir renaître dans mon âme;
J'espère qu'elle va, par son autorité
Si pleine de douceur, de force et de bonté,
Diminuer un peu la besogne accablante
Qui détruit ma santé si longtemps florissante.
Car, lorsque, jeune enfant, je coupais dans ces bois
Les rameaux superflus dont je portais le poids;
Lorsque dans les flots bleus de la pure fontaine,
J'allais blanchir le linge et nettoyer la laine;
Lorsque je pétrissais, dès le lever du jour,
Les pains et les gâteaux que je plaçais au four;
Lorsque mon faible dos s'affaissait sous la hotte,
Renfermant le navet, l'oseille et la carotte;
Parmi tant de travaux, j'avais plus de loisirs

Que depuis que je sers les fantasques désirs
D'un esprit tourmentant et d'une humeur chagrine.
Je suis lasse de voir une si triste mine ;
Du matin jusqu'au soir d'entendre lamenter ;
De me voir tourmenter, menacer, rebuter ;
De chez le médecin, courir chez l'herboriste ;
D'attendre le docteur, de chercher l'oculiste ;
D'aller au pédicure, expliquer qu'un oignon
Vient instantanément de pousser au talon ;
D'appeler le dentiste au secours des molaires,
Qui ne peuvent remplir leurs devoirs ordinaires ;
De dire au chirurgien, qu'un orgueilleux bouton
Audacieusement se montre sur le front.
Quand vient la nuit, du moins, si j'avais l'avantage
De trouver une trêve à ce pénible ouvrage !
Mais, je ne puis goûter un instant de sommeil
Et jusqu'au lendemain dois rester à l'éveil.
J'essayai, dès l'abord, une plainte timide :
Elle ne fit qu'aigrir ce naturel acide.
Voyant plus d'embarras me tomber sur le dos,
Je crus sage et prudent de changer de propos.
D'une imbécile donc je pris le simple rôle,
Et parfois, en secret, je le trouve assez drôle.

(Elle écoute.)

N'ai-je pas entendu des soupirs langoureux ?
Allons donc retrouver mes soins laborieux !

(Elle sort.)

TROISIÈME TABLEAU.

SCÈNE I.

MADAME DES ORMES, PHILAMINTE, ISABELLE.

Mme DES ORMES.

J'ai cherché, mes enfants, dans cette solitude,
A vous environner des plaisirs de l'étude
Et fait un choix prudent d'habiles écrivains
Pour les mettre aujourd'hui dans vos novices mains.
Ces livres orneront encor votre mémoire ;
Vous y retrouverez les beaux faits de l'histoire,
Des voyages charmants, des détails curieux
Sur les hommes, les arts, les costumes, les lieux.

PHILAMINTE.

Oh ! grand merci pour moi, j'ai fait une rupture
Avec les maux nombreux que cause la lecture.
Pour une seule page, une affreuse douleur
Me saisit à la fois et la tête et le cœur.
Il me souvient d'avoir durant une semaine
Payé trente neuf vers, d'une horrible migraine ;
Et du quarantième, en vain dans mon ardeur,
Je voulus essayer d'embrasser la longueur.

ISABELLE.

Je me charge, ma sœur, de lire à votre place ;
Les narrés élégants, les tableaux pleins de grâce,
Captivent mon esprit et charment mes loisirs.

PHILAMINTE.

Isabelle, gardez vos classiques plaisirs.

Mme DES ORMES.

Mais, au moins, vous aimez une douce musique?

PHILAMINTE.

Oh non! elle me rend sombre et mélancolique.

Mme DES ORMES.

Mais, de Litz et de Hertz les accords gracieux?

PHILAMINTE.

Me donnent des frissons et des accès nerveux.

Mme DES ORMES.

Peignez-vous quelquefois?

PHILAMINTE.

De la térébenthine
L'odeur est très-fatale à ma faible poitrine.

Mme DES ORMES.

Vous maniez, au moins, l'aiguille et le crochet?
Vous nuancez des fleurs? vous faites du filet?

PHILAMINTE.

Je crois, pour éviter la cruelle ophthalmie,
Qu'il faut de ces travaux se montrer l'ennemie.

Mme DES ORMES.

De la danse aimez-vous l'exercice joyeux?

PHILAMINTE.

Ah! de tous les plaisirs c'est le plus dangereux!
Les perfides coups d'air, les noires pleurésies
Sont le terme fatal de toutes ces folies.

Mme DES ORMES.

Contre l'ennui cruel quel est votre recours?

PHILAMINTE.

Si je pouvais dormir, je dormirais toujours!
Mais, comme le sommeil à ma voix est rebelle
Et qu'il prend à plaisir de fuir quand je l'appelle;
J'en conviens, je l'avoue, il me faut bien souvent
Supporter de l'ennui le pénible tourment.

Mme DES ORMES.

Il est vraiment fâcheux, ma chère Philaminte,
Que tous vos jours ne soient qu'une incessante plainte;
Et j'aurais dû plutôt, aujourd'hui je le vois,
Vous laisser respirer l'air salubre des bois,
En vous accoutumant aux travaux agricoles,
Que de vous faire en vain fréquenter les écoles.
Vous auriez imité les enfants du hameau
En maniant comme eux la bêche et le hoyau;
Vous sauriez épamprer la vigne trop féconde,
Oter le pain du four et la cruche de l'onde;
Epurer vos bonnets et vos bas au lavoir;
Balayer le matin et repriser le soir.
Et si jamais le sort vous devenait contraire,
Dans quelque métairie obtenir un salaire.

PHILAMINTE.

Assez, ma tante, assez! permettez qu'au chevet
J'aille de ma douleur confier le secret!
Il ne me manquait plus que la perte cruelle
De votre affection si longtemps maternelle!
Quel exemple je suis des fureurs du destin!...
Et faut-il que l'on veuille ainsi hâter ma fin!
Babet, je me sens froid; qu'on me porte une boule,

Du citron, de l'éther, et puis un lait de poule.

(Elle sort.)

SCÈNE II.

MADAME DES ORMES, ISABELLE.

Mme DES ORMES.

Quel triste résultat, et que de jours perdus !...
Mais, pourquoi m'épuiser en regrets superflus ?
Il faut songer plutôt, par un régime sage,
A lui rendre la force et les goûts de son âge.
C'est à quoi je vais donc maintenant réfléchir ;
Car, pour elle mon cœur pourrait s'attiédir.
Il faut aiguillonner cette humeur indolente ;
Réveiller promptement cette âme somnolente,
Et lui faire goûter, avant peu, le doux fruit
Des généreux efforts du cœur et de l'esprit.
Je sens que je saurai, maîtrisant ma tendresse,
Dans cette tentative, éviter la faiblesse ;
Et domptant, s'il le faut, pour elle ma bonté,
Lui faire succéder la mâle fermeté.
Heureuse, si je puis de cette enfant si chère
Ouvrir bientôt enfin les yeux à la lumière !

ISABELLE.

Puisse votre dessein être agréable au ciel !
Que Dieu daigne bénir votre soin maternel !

Mme DES ORMES.

Qu'il me donne de voir, mon aimable Isabelle,
Philaminte en tous points te prendre pour modèle ;
Imiter ta douceur, ta charmante gaîté,

Ton amour du travail et ta simplicité.
Alors, dans le bonheur coulera ma vieillesse.

ISABELLE.

Ma sœur méritera, bientôt, votre tendresse.
Qui pourrait résister à vos bienfaits constants?
A votre affection, à vos soins incessants?

Mme DES ORMES.

Ils lui coûtent bien peu; mais, crois bien que ta tante
En reçoit un doux prix dans ta vertu naissante.
Cependant, je m'en vais m'occuper de mon plan,
Pour toi, si tu le veux, va jouer, chère enfant.

SCÈNE III.

ISABELLE, SUZETTE.

ISABELLE.

Dis-moi, veux-tu venir me conduire sur l'eau
Et m'apprendre à guider notre petit bateau?

SUZETTE.

De tout mon cœur.

ISABELLE.

Partons. J'entends de Philaminte
Les douloureux soupirs et la mourante plainte.
Et de peur d'exciter, par l'aspect de nos jeux,
Ses accès convulsifs et ses retours fiévreux,
Allons suivre les bords de la grande avenue,
Où des arbres épais dérobent à la vue.

(Elles sortent.

SCÈNE IV.

PHILAMINTE, *seule.*

Il vient de me pousser un singulier bouton !
Serait-ce une tumeur ou le fatal charbon ?
— Voyons si je me sens quelqu'effrayant présage
Dans la tête ?.... le cœur ?... l'estomac ?.... le visage ?...
Non. Tout me semble calme. — Et le pouls ?.... il est vif...
Peut-être ?..... il me paraît plutôt un peu tardif.
— Et n'ai-je point aussi la bouche fort amère ?.....
Il est vrai que cela semble assez ordinaire.
— N'ai-je pas senti naître une douleur de dents ?
Si. — Je crois qu'elle augmente ? — elle vient par moments.
— Oh ! j'ai dans le gosier quelque glande qui pousse ! —
C'est certain ! — elle est grosse au moins comme une gousse.
Je sais que c'est mortel ! Babet, vite, au secours !
Venez être témoin du dernier de mes jours !
Faites chercher ma sœur ; qu'on appelle ma tante
Et monsieur le curé ; je suis bien repentante !...

SCÈNE V.

PHILAMINTE, BABET.

PHILAMINTE.

Babet, chère Babet, pardon de vous avoir
Quelquefois fait courir du matin jusqu'au soir.
A vos peines, Babet, je suis enfin sensible.
Pour vous dédommager, hélas ! si c'est possible !
Ma volonté vous lègue, à mon dernier soupir,

De ma reconnaissance un faible souvenir :
Ma montre, mes bijoux, mes peignoirs et mes fioles !..
Mais, je sens expirer mes dernières paroles.
Adieu..... bonne Babet.....

BABET.

Allons, un peu de cœur ;
Tout cela ce n'est rien qu'une vaine frayeur.

PHILAMINTE.

Oh ! Babet, c'est fini !.... mes regards s'obscurcissent !
Ma tête s'affaiblit et mes membres frémissent !
Adieu....... vous leur direz qu'en prononçant leur nom
Et le vôtre, Babet, et le mot de pardon....
Mes yeux se sont fermés...........

(D'une voix presque éteinte.)

Quelle affreuse souffrance !
C'est un mal qu'un croisé porta d'Afrique en France,
Au temps de saint Louis ; je l'ai lu quelque part.
On n'y survit jamais ! vois, mon œil est hagard...
Mon cœur cesse de battre... et mon sang dans mes veines
Commence à...

SCÈNE VI.

PHILAMINTE, MADAME DES ORMES, ISABELLE, SUZETTE, BABET.

Mme DES ORMES.

Quelles sont ces ridicules scènes ?
Vous avez donc perdu l'esprit et la raison,
Et voulez, dès demain, partir pour Charenton ?
Mais, il faut en finir avec tous vos caprices ;
Or, je veux que chacun refuse ses services

A vos sottes humeurs. Tous mes gens sont rendus;
Babet est sur les dents; Nanette n'en peut plus;
Dominique est à bout. Votre triste égoïsme
Vous conduit, Philaminte, au plus dur despotisme.
Les nègres du Congo, les verriers, les mineurs,
Vraiment, n'arrosent pas de plus grandes sueurs
Leurs pénibles travaux, que tous mes domestiques
A satisfaire ici vos désirs fantastiques.
Arrangez-vous; voilà les clés de mes buffets;
Fabriquez vos sirops et préparez vos mêts.
Allez chercher au champ l'orge et la betterave;
Montez et descendez du grenier à la cave;
Composez vos parfums et vos médicaments;
Vous pouvez faire ici tous vos arrangements.
Adieu. Retirons-nous; et que tout l'abandonne.
Auprès d'elle je veux qu'il ne reste personne.

SCÈNE VII.

PHILAMINTE, seule.

Ah! je vois que le temps a su changer son cœur!
Elle n'a plus pour moi, ni bonté, ni douceur.
Mais, je vais succomber sous le poids de la peine.
Je verrai tout au plus le tiers d'une semaine.
Tant mieux! je quitterai ces barbares mortels,
Près de qui les lions cessent d'être cruels!...
— Cependant, revenons sur la plume légère
Qui sut toujours calmer ma douleur solitaire.

QUATRIÈME TABLEAU.

SCÈNE I.

PHILAMINTE, seule.

C'est étonnant ! voilà le mercredi passé,
Et pourtant je n'ai pas encore trépassé !
J'en suis vraiment surprise et je commence à croire
Que mon tempérament peut gagner la victoire.
— Depuis bientôt huit jours que je vais, le matin,
Foulant le froid gazon, avec l'humide thym,
Au loin chercher la mauve et le baume suave,
L'onctueux bouillon blanc, la douce betterave,
Au lieu de me sentir marcher vers le tombeau,
Je vais, à reculons, retrouver mon berceau.
— Oui, je sens revenir la force du jeune âge;
Des liens de la douleur je quitte le servage.
— Il me semble du moins; car, peut-être l'erreur
Vient ici me bercer dans un songe menteur ! —
Ce bien être inconnu, ces couleurs rougissantes
Qui font fuir de mon front les teintes pâlissantes,
Et ce besoin constant, qu'on nomme l'appétit,
Qui me poursuit le jour, et m'éveille la nuit;
Ces symptômes heureux dans l'ordinaire usage
Peut-être sont pour moi d'un funeste présage?
— Qui pourrait de la mort comprendre les secrets?
Elle sait, la cruelle, habile en ses projets,

Déguisant à nos yeux sa perfide manœuvre,
Appeler la santé pour accomplir son œuvre.
Voilà, voilà pourquoi, peut-être, je n'ai pas
Encore ressenti les fatals résultats
Du lever matinal, de la marche excessive,
De l'ardeur du fourneau, des soins de la lessive.
— J'aurais dû te gagner, rhumatisme goutteux,
Terrible pleurésie, et toi, coup d'air affreux !
— Mais en vain les autans ont soufflé sur ma tête;
En vain sur la montagne, où règne la tempête,
J'ai couru, franchissant les épineux buissons,
Des simples généreux cueillir les frais boutons ;
Je suis encor debout, semblable au noble chêne
Sur lequel sans succès Éole se déchaîne.
Je suis debout ! Quel est ce prodige nouveau ?
D'où vient que je n'ai pas un rhume de cerveau ?
— Ce que n'a pu pour moi l'art de la médecine
Je vais donc l'obtenir en faisant la cuisine !
— En travaillant le jour, la nuit on dort bien mieux.
— Que de temps j'ai passé dans un repos honteux !
— A l'étude je vais certainement me mettre. —

(Elle sort.)

SCÈNE II.

SUZETTE, ISABELLE.

SUZETTE.

Vous pouvez approcher, je la vois disparaître.
Elle emporte un cruchon et puis la boîte au lait;
A ces nouveaux soucis je crois qu'elle se plaît.

Pourtant, si je pouvais aider un peu sa peine !
Aller pour elle, au moins, jusques à la fontaine !
Je l'ai bien demandé, mais, Madame jamais
N'a voulu sur ce point contenter mes souhaits.
Elle me fait pitié, la pauvre demoiselle !
Ah ! quand donc finira cette épreuve cruelle ?

ISABELLE.

Quand ma tante verra que son effet heureux
Assure un changement qui ne soit point douteux.
Je vois avec plaisir que déjà Philaminte
A son cœur maternel inspire moins de crainte.
Pour vaincre ses défauts elle fait des efforts ;
Elle cherche, on le voit, à réparer ses torts ;
Il semble qu'elle trouve enfin quelque énergie.

SUZETTE.

On a de bons moments quelquefois en sa vie !
Mais, il faut avoir soin de savoir les saisir,
Car ils ne veulent pas toujours nous revenir.
Je l'ai bien éprouvé ; lorsque j'étais petite,
J'eus longtemps le travers de manger bien trop vite ;
C'était le résultat d'un appétit gourmand
Qui désirait toujours s'apaiser promptement.
Plus de cent fois, hélas ! sur cette ardeur fatale
Ma sobre mère, en vain, exerça sa morale ;
Rien ne pouvait dompter ce penchant dangereux,
Lorsqu'il me prit un jour, jour à jamais heureux !
Le sincère propos de changer de manière,
Et dès lors je comblai les désirs de ma mère.

ISABELLE.

Souviens-toi qu'il est beau de savoir se dompter,

Et qu'il ne faut jamais négliger d'écouter
Les avis toujours pleins de douce bienveillance
Dont on daigne entourer notre inexpérience.
Mais, va dire à Babet que je voudrais la voir.

SUZETTE.

Babet depuis trois jours dort du matin au soir.
On dirait qu'elle a fait les guerres de l'empire,
Et c'est, dit grand papa, ce qu'on a vu de pire.

ISABELLE, souriant.

Tu crois qu'elle mérite au moins la croix d'honneur !

SUZETTE.

Je la lui donnerais si j'étais l'empereur.

ISABELLE.

Philaminte saura, j'en ai la confiance,
Suivre un jour les élans de la reconnaissance,
Et payer largement les soins qu'elle a coûtés,
Par de touchants bienfaits et de nobles bontés.
Je la vois revenir sous le poids du feuillage
Que sans doute elle vient d'arracher au rivage.

SUZETTE.

Elle a l'air d'être lasse et même cloche un peu.

ISABELLE.

La voir bientôt heureuse est mon plus tendre vœu !
Mais, sortons ; laissons-la dans cette solitude
Où de devenir bonne elle fait son étude.
La voilà, je l'entends. (Elles sortent.)

SCÈNE III.

PHILAMINTE, seule.

Décidément, je vais
Quitter tous ces sirops et manger du porc frais.
De l'orge et du houblon j'abandonne la tasse,
Et ces faix de rameaux que chaque jour j'entasse;
Et les coquelicots, et leurs décoctions;
Et les fleurs du tilleul et leurs infusions.
— Quel travail de toujours tenir la casserolle!
Pauvre Babet! vraiment, j'étais à moitié folle!
Mais, le doux air des bois, les brises du vallon
Vont, je l'espère, enfin me rendre à la raison.
— Néanmoins, quelquefois mes frayeurs qui sommeillent,
Dans le fond de mon cœur tout à coup se réveillent.
— Je crois sentir encor s'affecter le larynx,
Et dans certains moments s'attaquer le pharynx.
J'éprouve dans le front des douleurs névralgiques,
Et vous respire encor flacons odontalgiques.
— Cependant, ces retours sont beaucoup moins fréquents.
— D'ailleurs, je peux avoir de nouveaux accidents.
Quelque toux, quelqu'accès, ou quelque courbature,
Causés par ma faiblesse et la température. —
Mais, je suis beaucoup mieux et je commence à voir
Que j'ai pu mettre un jour ma tante au désespoir!
— Oui, je le reconnais, j'ai laissé la paresse
Asservir puissamment ma dolente jeunesse.
Quelle érreur! j'ose à peine, hélas! me l'avouer.
Autour de moi, jamais pourra-t-on l'oublier?

SCÈNE IV.

PHILAMINTE, MADAME DES ORMES, BABET.

Mme DES ORMES.

L'oublier, mon enfant, ce peut être facile,
Si vous voulez, enfin, être simple et docile.
Vous verrez succéder un changement heureux
A ces oscillations d'un cœur capricieux.
Vous verrez tout le monde autour de vous sourire;
Et, pour quelques efforts, votre tante vous dire
Que vous êtes, ainsi que votre aimable sœur,
De ses jours avancés la joie et le bonheur.

PHILAMINTE, embrassant Mme des Ormes.

Langage consolant d'une mère indulgente,
Tu viens rendre l'espoir à mon âme tremblante !
Esclave trop longtemps d'une vaine terreur,
Qu'attendre d'un esprit que domine la peur ?

Mme DES ORMES.

Allons, ma chère enfant, ranime ton courage ;
Prends ma main et poursuis, sans crainte, ton ouvrage;
Moi, sûre désormais de ton vouloir constant,
Je te rends aujourd'hui tous les droits d'un enfant.

PHILAMINTE.

Je sens qu'il est trop tôt, reprenez-les, ma tante,
Laissez-moi quelque temps être encor ma servante,
Afin qu'en apprenant ce que c'est qu'obéir
Je sache autour de moi ne rien faire souffrir.
Mais, d'ailleurs, de mon joug Babet doit être lasse ;
De le porter encor daignez lui faire grâce !

BABET.

Ah ! je le vois, ce joug va devenir léger ;
Madame, laissez-moi, de nouveau m'en charger.
Si les commencements furent tristes et rudes,
Voici naître des jours exempts d'inquiétudes.

PHILAMINTE.

Pauvre Babet, quel cœur ! quel zèle affectueux !

BABET.

Vous saurez maintenant nous rendre tous heureux.

SCÈNE V.

MADAME DES ORMES, PHILAMINTE, ISABELLE, SUZETTE, BABET.

Mme DES ORMES.

Vous pouvez y compter, approchez, Isabelle :
Jusqu'ici Philaminte, à la raison rebelle,
Vous le savez, troubla le repos de mon cœur ;
Mais, réjouissez-vous ; aujourd'hui cette sœur,
Enfin digne de vous, digne de ma tendresse,
Va d'un nouveau bonheur réjouir ma vieillesse.

PHILAMINTE.

Heureuse si je puis répondre à vos bienfaits
En vous environnant d'allégresse et de paix !

ISABELLE.

Retour tant désiré ! félicité parfaite !

SUZETTE.

La voilà convertie, et la fête est complète.

FIN DE PHILAMINTE.

AMBITION TROMPÉE.

PERSONNAGES.

MADAME DE LARGELIS.

VALÉRIE, } ses filles.
LAURE, }

FLEURETTE, jeune paysanne, sœur de lait de Laure.

MADEMOISELLE DE LA CRAPAUDIÈRE, tante de Mme de Largelis.

ORGANDE, femme de chambre de Mlle de la Crapaudière.

AMBITION TROMPÉE.

ACTE PREMIER.

SCÈNE I.

MADAME DE LARGELIS, VALÉRIE, LAURE.

Mme DE LARGELIS.

Je viens, mes chères enfants, de recevoir une lettre de votre père; il m'annonce d'abord la triste nouvelle de la perte de son procès.

LAURE.

Ah ! quel malheur !

VALÉRIE.

Il faut donc renoncer à rentrer jamais dans le domaine des Largelis ?

Mme DE LARGELIS.

Hélas ! oui, mes enfants, et c'est un douloureux sacrifice à accomplir. Cette terre, de vos ancêtres, va définitivement passer à un parent éloigné qui a profité de la faiblesse de votre grand-oncle pour lui faire faire un testament injuste. Tel est le sort des choses humaines! celles sur lesquelles il semble qu'on doive le plus naturellement compter, sont souvent celles qui nous échappent.

LAURE.

Ainsi, nous voilà pauvres pour toujours! inutile désormais de songer à sortir de la vie obscure où nous languissons.

Mme DE LARGELIS.

Pauvres, n'est pas tout à fait le mot. Il nous reste de quoi vivre modestement, sans doute, mais, enfin, sans connaître les pénibles nécessités de la misère.

VALÉRIE.

Eh bien! cela ne suffit-il pas au bonheur? Pourquoi donc si fort nous inquiéter?

Mme DE LARGELIS.

Il est vrai qu'avec des goûts simples et des désirs raisonnables, on peut se trouver heureux dans notre position.

VALÉRIE.

Surtout quand on a une aussi bonne mère. (Elle l'embrasse.) Qu'importe donc un peu plus ou un peu moins de terre et d'or!

LAURE.

Mais, n'est-il pas tout naturel de regretter la haute destinée qui devait nous attendre? Quand on porte un aussi beau nom, n'est-il pas cruel d'être obligé de le cacher sous le toit d'une chaumière?

Mme DE LARGELIS.

La beauté d'un nom, mon enfant, consiste moins dans l'appareil pompeux dont on l'environne que dans les vertus dont on sait l'orner. La véritable noblesse, c'est celle des sentiments.

LAURE.

Vous avez raison, sans doute, ma mère ; mais, dans cette retraite ignorée, dans cette petite maison à peine connue à deux lieues à la ronde, qui pensera qu'il serait glorieux de demander notre main ?

Mme DE LARGELIS.

Glorieux est un peu trop fort, ma chère petite. Mais, enfin, console-toi ; votre père a des amis et de hautes protections dans l'armée et même à la cour, et il fera certainement toutes les démarches utiles à un établissement convenable pour vous.

VALÉRIE.

Et quand mon père ne réussirait pas, serait-ce donc un grand malheur, Laure ? Ne sommes-nous pas heureuses ici ? Notre vie s'écoule si paisible ! nous sommes entourées d'une si affectueuse tendresse !

Mme DE LARGELIS.

Chère enfant, que tes paroles me font de bien ! De quelles pertes ne se consolerait-on pas quand on a une si bonne fille ! (À part.) Hélas ! qu'il est amer de penser qu'elle ira peut-être vivre loin de moi ! Mais, Laure pensera un jour comme toi, je l'espère, lorsque quelques années de plus auront mûri sa raison et formé son jugement.

LAURE.

Je vous aime bien aussi, ma mère. Vous le croyez, n'est-ce pas? Seulement je regrette cette ancienne splendeur de notre maison dont j'ai autrefois entendu parler mon père. N'est-ce pas permis?

Mme DE LARGELIS.

Jusqu'à un certain point, mon enfant; mais, je voudrais que de semblables regrets ne fussent jamais assez vifs pour troubler ton repos et te dégoûter d'une position que je m'efforcerai de te rendre agréable, le plus possible.

LAURE.

Que vous êtes bonne, maman!

Mme DE LARGELIS.

J'ai encore une autre nouvelle à vous annoncer, mes enfants, c'est que votre grand'tante, mademoiselle de la Crapaudière, arrive ici aujourd'hui. Peut-être, avec l'intention d'exécuter enfin le projet auquel elle semblait avoir renoncé.

VALÉRIE.

Ah! maman, quel malheur!

LAURE.

Y songes-tu, Valérie? son arrivée pouvait-elle être plus opportune? Au moins l'une de nous aura un sort digne de sa naissance!

VALÉRIE.

Et à quel prix, Laure?

Mme DE LARGELIS.

Mes enfants, quelque grande que soit la douleur que me causera le départ de l'une de vous, je sens que c'est un devoir pour moi de m'y soumettre; votre père, qui est très-occupé de votre avenir, désire beaucoup que mademoiselle de la Crapaudière accomplisse le dessein qui l'amène parmi nous. Cependant, ma chère Laure, je ne dois pas te cacher que l'intention de ma tante est d'adopter l'aînée de mes enfants; car, par un préjugé qu'elle ne violerait pour rien au monde, rien à ses yeux n'est plus sacré que le droit d'aînesse.

LAURE.

Quelle injustice pourtant! Ainsi, si au lieu d'avoir une sœur aimable et gentille comme Valérie, mon aînée ne fût qu'une idiote, n'importe! ma tante l'adopterait malgré cela. Elle préférerait enfin confier l'honneur de son nom à une insensée que de passer par-dessus un absurde préjugé; le seul du reste qui me révolte dans les idées d'autrefois.

Mme DE LARGELIS.

Peut-être, mon enfant, parce qu'il est le seul dont tu es menacée d'être la victime.

VALÉRIE.

Oh! maman, quelle heureuse victime que celle

que la fortune oublie pour la laisser auprès de vous!

Mme DE LARGELIS.

Bonne petite!

LAURE.

Tenez, tout cela pourrait bien finir par me rendre révolutionnaire. J'examinerai d'un peu plus près les anciens principes; et peut-être qu'à l'admiration succédera le blâme le plus positif.

Mme DE LARGELIS, souriant.

Je ne te conseille pourtant pas, chère enfant, de changer tes idées politiques pendant le séjour de ma tante ici; car alors il faudrait renoncer à toute relation avec elle. Quelque peu important que puisse être le système gouvernemental d'une petite personne qui hier encore jouait à la poupée, mademoiselle de la Crapaudière n'entend pas plaisanterie là-dessus; et si elle pouvait penser qu'une idée nouvelle est entrée dans sa famille, elle déshériterait ton père et nous de toutes ses bonnes intentions. Mais, il faut que je vous quitte, mes chères filles, pour aller faire préparer l'appartement de votre tante; allez un peu respirer l'air, qui est délicieux ce matin; et revenez bientôt me rejoindre ici. J'ai quelques instructions à vous donner sur la manière dont il faudra vous présenter devant mademoiselle de la Crapaudière. Valérie, sonne Fleurette et dis-lui de mettre ce salon en ordre. (Elle sort.)

VALÉRIE.

Oui, ma mère.

LAURE, à part.

Qu'il y a des êtres malheureux ici-bas! que de victimes de l'injustice! (Elle sort.)

SCÈNE II.

VALÉRIE, FLEURETTE.

FLEURETTE.

Que veut Mam'zelle?

VALÉRIE.

Ma mère désire que tu arranges les fauteuils, que tu époussettes les meubles, Fleurette.

FLEURETTE.

Rien de mieux, je vais me mettre à la besogne; Mam'zelle peut être tranquille. Tout ça va luire comme une chandelle; et je vais l'approprier d'autant plus joliment que je sais qu'il arrive aujourd'hui une grande dame.

VALÉRIE.

Qui te l'a dit?

FLEURETTE.

Qui? dame! Mam'zelle, mes yeux et mes oreilles, puisque son trotteur est déjà arrivé.

VALÉRIE.

Qu'est-ce que c'est qu'un trotteur?

FLEURETTE.

Dame ! Mam'zelle, c'est un gros homme, petit, laid, habillé de jaune et chamarré de vert, puisque celui que je viens de voir est comme cela.

VALÉRIE.

Voyons, Fleurette, qu'est-ce que tu dis là ?

FLEURETTE.

Enfin, Mam'zelle, que voulez-vous? Moi, j'appelle ça un trotteur, puisque ça court toujours; il m'a dit qu'il trottait toute sa vie devant la voiture de mademoiselle de la Crapaudière.

VALÉRIE.

Ah ! bon, tu veux dire un coureur, je pense. C'est un domestique qui va à cheval devant ses maîtres pour annoncer leur arrivée.

FLEURETTE.

C'est cela même; cet homme me l'avait bien dit; mais, j'étais si occupée à regarder ses galons et ses grandes bottes que je n'ai pas entendu ce mot de coureur. Elle ne se mouche pas avec sa manche cette demoiselle de la Crapaudière ! — sauf votre respect, je ne peux pas dire ce nom sans rire — puisqu'on court comme ça sur les grands chemins pour annoncer que c'est elle qui passe.

VALÉRIE, souriant.

Écoute, Fleurette, tâche de prendre ton sérieux

en parlant de ma tante. Et puis choisis mieux tes expressions et tes proverbes.....

FLEURETTE.

Oh dame! Mam'zelle, quand ils viennent de mon village, c'est difficile de les oublier!

VALÉRIE.

Oui, je sais que tu aimes beaucoup les proverbes de ton pays.... Eh bien, retiens celui-ci, qui est du mien:

« Trop parler nuit. »

FLEURETTE.

Oh! le retenir, ce sera facile; mais, le pratiquer c'est autre chose! La langue ne nous est donnée que pour parler, et comme dit la vieille Jeanne, si on ne s'en servait guère, elle se rouillerait.

VALÉRIE, souriant.

Allons, silence, petite babillarde, et te dépêche. (Elle sort.)

SCÈNE III.

FLEURETTE, seule.

On veut toujours que je me taise ici; mais, qu'est-ce donc que ça fait que je parle? Dame! ça me distrait, moi! puis, ça me donne du cœur pour faire mon ouvrage. Et chanter donc! quand je commence, tous les oiseaux du jardin répondent et au moins ça fait un peu de bruit autour de moi.

(Elle chante et époussette.)

Il faut mettre ce salon
Sur un pied de meilleur ton.
Mam'zelle de la Crapaudière,
Marquise de Bargouillère,
A dépêché son coureur
Pour annoncer Sa Grandeur.

Ce que c'est que le monde! Dire qu'il y a des gens qui ont besoin que d'autres gens courent devant eux! Quelle singulière idée! Oh! qu'elle doit être drôle, cette demoiselle! Enfin,

Quel bonheur, voici le soir,
Bientôt nous allons la voir.
Sans doute elle a trois voitures
Toutes belles de dorures,
Avec trente-six valets
Et quatre-vingt-dix paquets.

Elle doit être curieuse à voir cette vieille demoiselle! Elle doit être joliment bien habillée, bien frisée, bien panachée! et à propos d'habits, il faut que j'aille m'endimancher un peu, moi; que cette grande marquise n'aille pas dire à Madame : Quel est ce petit fagot que vous avez à votre service?

Mon pauvre chignon doit être tout couvert de poussière! — Allons consulter ce joli petit miroir que j'ai acheté à la foire pour quatre sous et demi. — Ce n'est pas cher! — On s'y voit très-bien. — Il y a bien des gens qui n'oseraient pas s'y regarder!

— Mais, moi, j'ose, parce que, comme dit ma mère : Fleurette, tu n'es pas une beauté, ma fille; mais, tu n'es pas mal tout de même. (Elle chante.)

Si d'un gros nez au milieu du visage,
De petits yeux louches et de travers,
Le père Adam vous légua l'héritage,
Tournez toujours le miroir à l'envers.

Fuyez aussi la fontaine argentine,
Le clair ruisseau qui reflète la fleur,
Car, à l'aspect de votre triste mine,
Vous pourriez bien trépasser de frayeur.

Si d'un gros nez, etc., etc.

Gardez-vous bien à la glace qui mire
De demander jamais votre portrait!
Ce qu'ici-bas nul n'oserait vous dire,
Sans se gêner elle vous le dirait.

Si d'un gros nez, etc., etc.

SCÈNE IV.

FLEURETTE, LAURE.

FLEURETTE.

N'est-ce pas, mam'zelle Laure, que tout cela brille comme une perle?

LAURE.

Oui, c'est très-propre.

FLEURETTE.

On se mirerait dans ces meubles. Regardez-vous

ici. (A part.) Elle peut bien s'y regarder celle-là; elle est fraîche comme une rose! On voit bien que c'est ma sœur de lait. Qu'elle est donc jolie! (Haut.) Mam'zelle, je vais un peu me façonner.

LAURE.

Oui, va.

SCÈNE V.

LAURE, seule.

Que je suis à plaindre de n'être qu'une pauvre cadette de famille! — Quand je pense que, si j'avais deux ans de plus, je serais l'héritière des terres de Mardor, de la Bargouillère et de la Crapaudière! — Je m'en rongerais les poings de désespoir! — Moi qui ai une si grande âme! de si nobles goûts! l'instinct de ce qui est grand et beau! — Il faudra que je reste toute ma vie dans cette misérable petite masure! — Et ma sœur, qui a des idées vulgaires, des pensées communes, des désirs rétrécis, va devenir châtelaine! — Oh! que de mérites restent ignorés dans ce pauvre monde! — Ce n'est pas que je veuille dire que ma sœur n'ait pas les siens. — Elle est bonne. — Ensuite, elle a assez d'esprit; — un peu d'instruction; mais, elle n'a pas du tout le grand genre; elle n'aime pas l'antique et est tout à fait sans enthousiasme. — Ainsi, quand j'ai voulu lui faire lire la Châtelaine de Bracy, ce charmant tableau des mœurs féodales et de la vie de château; ce vieux roman, que j'ai lu avec délices, lorsque ma mère était à Clermont; elle m'a répondu tout clair et tout net que c'était une extravagance; que cette lecture m'exalterait l'imagination et me jetterait dans l'idéal. — Oui, voilà comme elle est, Valérie, toujours dans le positif le plus absolu. — Et moi, je trouve que rien ne décolore plus la vie. — Oh! si j'étais châtelaine! quel bonheur! L'hiver, au coin d'honneur d'une vaste cheminée, je distribuerais des paroles et des sourires à une assemblée nombreuse et de bon goût. Je disputerais, j'argumenterais; je raillerais gaiement, en tournant, avec une noble indolence, dans des doigts brillants d'or et de perles, une navette ou un fuseau d'ivoire! — L'été, je suivrais, montée sur un noir palefroi ou sur une blanche haquenée, la chasse bruyante du cerf ou du sanglier. — Je donnerais des tournois; et, reine de grâce et de beauté, je jetterais au vainqueur une écharpe d'azur ou une blanche rose. — Quel plaisir d'errer dans des allées majestueuses, dans des parterres embaumés! — de gravir l'escalier d'une haute tourelle, et, le coude appuyé sur une fenêtre à ogive, d'écouter le son lointain du cor dans les bois.... — Rêves charmants! vous pourriez pourtant vous réaliser si j'étais l'aînée de la famille! Quelle fatalité! Une grand'tante qui a trois riches domaines à vous donner, un château du moyen âge à vous ouvrir et cela à la simple condition de rester avec elle jusqu'à sa mort, n'est-ce pas là le plus doux sourire de la fortune? — Et se dire que parce qu'on a deux ans de moins qu'une sœur, on sera privée de ce brillant avenir! Oh! que c'est amer! c'est affreux!... — Mais, Valérie est inconcevable! elle est triste comme un bonnet de nuit. — On dirait qu'on va l'emmener esclave en Guinée! — Ce que c'est que la différence des caractères! — Moi, je sauterais de joie, si j'étais à sa place! — Elle n'aime que la vie commune elle, et la nature! — Oh! par exemple, un arbre, un papillon, une fleur, voilà pour elle un sujet d'admiration! — Belles raretés vraiment! Ma mère appelle cela de la raison, — elle m'accuse de divaguer, d'extravaguer, de sortir du vrai et de me rendre malheureuse par mon imagination. — Oh! personne ne me comprend! — Mais, puisque Valérie trouve si cruel d'aller habiter le Béarn, elle n'a qu'à me céder son droit d'aînesse: — Jacob acheta bien celui d'Esaü.... — Malheureusement elle n'est ni gourmande, ni affamée! (Elle rit.) — Voyons, allons rêver à quelques moyens de surprendre ce droit d'aînesse.... — Je veux pourtant agir légitimement. — Après cela, je n'ai pas à craindre de faire tort à Valérie, puisqu'elle préfère sa vie actuelle à celle que lui offre ma tante. Mais, la voici. — Sa vue m'irrite ! (Elle s'assied.)

SCÈNE VI.

VALÉRIE.

Quelle belle journée ! quelle vue délicieuse de ce petit salon ! (Elle regarde.) Que cette montagne est verte, ce vallon riant, ce ruisseau limpide ! (Elle chante.)

O vallon mon berceau, quelle pure lumière
Déverse ses flots d'or sur tes bois enchanteurs !
Que tes zéphyrs sont doux ! quelle verte fougère,
Sous les arbres touffus, se mêle avec les fleurs !

Que j'aime ton ciel bleu, ton clocher, ton village,
Et tes soirs parfumés, et tes matins si beaux !
Et ce toit paternel, couronné de feuillage,
Où viennent sans frayeur s'abriter les oiseaux !

Et je pourrais, bravant les regrets de l'absence,
T'adresser sans mourir un adieu sans retour ?
Oh ! non ; je t'aime trop, séjour de mon enfance,
Si plein de souvenirs, de douceur et d'amour !...

SCÈNE VII.

VALÉRIE, LAURE.

LAURE.

Tu chantes, ma sœur, tu es bien contente maintenant ? C'est du reste l'effet tout naturel que devait produire la réflexion. Sans doute, on se sent triste à la pensée de quitter tout ce que l'on aime ; mais, quand viennent les considérations sérieuses et profondes, on sent bien que c'est une belle destinée que celle qui appelle à jouir d'une immense fortune !

VALÉRIE.

Mais je t'assure, ma chère Laure, que je ne suis pas contente du tout ; tu aurais pu t'en convaincre si tu avais entendu les couplets que je murmurais. Oh ! ma bonne petite sœur, quel bonheur si je pouvais ne pas plaire à ma tante ; si je restais toujours ici !

LAURE.

Tu fais semblant d'être fâchée de son choix, mais, je ne suis pas assez enfant pour me laisser prendre à de si étranges regrets ; et je t'avoue que je n'en suis nullement touchée. Je ne dis pas que te séparer de nous ne te fasse de la peine ; mais, je comprends aussi qu'il est tout simple que l'affection plie un peu devant de si grands intérêts ! Tu seras assez riche d'ailleurs pour te donner le plaisir de voyager souvent et de venir voir ta mère et ta pauvre sœur !

VALÉRIE.

Tu crois cela, Laure, parce que ton caractère enthousiaste te porte toujours à ne voir que le beau côté des choses ; et tu ne penses pas que ma tante est vieille ; que les voyages ne sont ni de son goût, ni de son âge, et qu'une fois adoptée par elle, je devrai naturellement ne la quitter jamais.

LAURE.

Eh bien ! on ira te voir.

VALÉRIE.

Encore un beau rêve de ton imagination ! Qui se chargera, je te prie, des frais de ces voyages lointains et par conséquent fort dispendieux ? D'après ce que ma mère m'a dit des habitudes d'économie de ma tante, je ne puis pas espérer qu'elle soit prodigue pour de si coûteuses satisfactions.

LAURE.

Mais, enfin, ma tante n'est pas immortelle ! elle a vraiment près de cent ans, je crois.

VALÉRIE.

Si je devais être un jour la maîtresse absolue de cette fortune, je me déciderais courageusement, peut-être, à quitter aujourd'hui ma famille, et cela uniquement dans l'espoir de lui être utile, et de te donner une riche dot ; mais, ignores-tu qu'une des premières conditions de ma tante, qui tient extrêmement à la splendeur de sa maison, c'est de ne jamais altérer son héritage?

LAURE.

Il ne manquait plus que cette exigence-là ! Ainsi, pourvu que l'aînée de la famille soit une riche et puissante dame, peu importe à ma tante le sort de la cadette ! Oh ! vois-tu, tant d'injustice me révolte ! Eh bien ! je la déteste cette femme ambitieuse qui sacrifie la bonté à l'orgueil.

VALÉRIE.

Sois un peu moins violente, Laure ; ma tante a vécu seule presque toute sa vie, et dans l'ignorance des principes et des usages au milieu desquels nous avons été élevées, nous. — Elle perdit sa mère étant encore fort jeune, et fut dès lors confinée à Mardor, auprès d'une gouvernante qui lui donna beaucoup de fausses idées. Elle est bien excusable de les avoir adoptées, puisqu'elle n'a pu en recevoir d'autres.

LAURE.

Son cœur, s'il est sensible, devrait au moins lui faire éviter l'injustice.

VALÉRIE.

Voyons, chère Laure, je vois que tu es un peu irritée, calme-toi.

LAURE.

Oui, c'est bien aisé à dire. Tu crois qu'il est bien agréable d'avoir pour sœur une quasi-princesse et de rester toute sa vie une cendrillon !

VALÉRIE.

Ecoute, je t'assure que je ne veux pas quitter maman. J'ai résolu de ne pas aller en Béarn.

LAURE.

Vraiment? mais, tu perds le sens, Valérie. Tu veux

rester pauvre toute ta vie, et par conséquent loin de la société et des divertissements ?

VALÉRIE.

Je ne me trouve pas pauvre, moi ; et, quant au monde, je n'y pense même pas.

LAURE.

Tu es bien heureuse ! Mais, crois-tu que mon père sera content si tu refuses de suivre ma tante ?

VALÉRIE.

Je ne refuserai pas ; seulement j'userai d'une petite ruse pour éviter un sacrifice au-dessus de mes forces et inutile à ma famille. Chut !... voilà quelqu'un ; ne me trahis pas.

LAURE.

Sois tranquille.

SCÈNE VIII.

LES MÊMES, MADAME DE LARGELIS.

Mme DE LARGELIS.

Mes enfants, je me hâte de vous parler un peu du caractère de ma tante, parce que l'heure de son arrivée approche. Je veux qu'elle soit parfaitement contente de vous ; ainsi je dois vous tracer le petit plan de conduite que vous aurez à tenir avec elle.

LAURE.

Mais, maman, il me semble que vous allez vous

donner une peine bien inutile pour moi, puisque, non-seulement ma tante ne veut pas me donner sa fortune, mais qu'elle compte me traiter comme si je lui étais absolument étrangère. Oh ! je vous assure que je n'ai nulle envie de faire le moindre frais pour elle.

Mme DE LARGELIS.

Tu en feras un peu pour moi, n'est-ce pas, Laure?

LAURE.

Chère maman, je ne voudrais pas vous désobliger; cependant, vous sentez qu'il est difficile d'être aimable pour une personne qui ne fait pas plus de cas de vous que de son chat, peut-être!

Mme DE LARGELIS.

Hélas ! ma pauvre enfant, moins encore, sans doute, car le chat de ma tante est un être qu'elle aime très-tendrement, qui la suit partout, mange à sa table, et est toujours comblé des plus douces caresses.

LAURE.

C'est donc une bien singulière personne?

Mme DE LARGELIS.

Un peu; ce qui est très-excusable, du reste, à cause du genre de vie qu'elle a toujours mené. Ce à quoi elle tient le plus, c'est d'abord à l'illustration de sa naissance, et je ne puis vous taire que sur ce point ses idées sont poussées jusqu'au ridicule. Ensuite, elle a pour les anciens usages une espèce de culte; ainsi gardez-vous bien de ne pas faire trois révérences avant de l'aborder; de ne pas saluer si elle éternue, et de vous tenir jamais assises en sa présence.

LAURE.

Ah çà! elle se croit donc la fille du soleil?

Mme DE LARGELIS.

Quels que soient les travers de son esprit, il faut la respecter, mon enfant; la vieillesse a toujours des titres sacrés à notre vénération, et alors même qu'elle est ridicule, l'indulgence et la charité doivent nous y porter.

LAURE.

Oh! ne craignez rien, maman; je vous assure que quand ma grand'tante serait la personne la plus drôle que j'aie jamais vue, pas un sourire n'effleurera mes lèvres. Je n'ai certes pas le cœur à la joie.

Mme DE LARGELIS.

Oui, tu as l'air assez maussade aujourd'hui; et toi, ma bonne Valérie, tu me parais bien sérieuse.

VALÉRIE.

Oh! ma mère! (Elle l'embrasse.)

Mme DE LARGELIS, émue.

Chère enfant! Allons, du courage; je t'aimerai toujours, va!

VALÉRIE.

Maman, que vous êtes bonne!

SCÈNE IX.

LES MÊMES, FLEURETTE.

FLEURETTE, criant.

Voilà mademoiselle de la Crapaudière : une voiture jaune, trois chevaux, deux derrière et un devant ; une grande femme de chambre, vieille, vieille, qui porte un gros chat noir. Et puis, mademoiselle de la Crapaudière est dans le fin fond du carrosse, sans doute, car je n'ai pu l'apercevoir.

Mme DE LARGELIS.

Mes enfants, restez ; ma tante trouverait inconvenant que vous vinssiez la voir avant qu'elle ne vous eût fait appeler.

LAURE.

Elle croit donc que nous sommes encore à la lisière?

SCÈNE X.

VALÉRIE, LAURE.

LAURE.

Voyons, dis-moi bien vite quel est ton projet?

VALÉRIE.

Ma chère amie, c'est de faire l'idiote.

LAURE.

Bah ! quelle folie ! Je crois que ma tante s'occupera bien de ton esprit. Pourvu que tu sois l'aînée de la famille, voilà tout ce qu'il lui faut. Ainsi, je pense que ton stratagème sera fort inutile.

VALÉRIE.

Et moi, j'espère que non. Mon père m'a toujours dit que ma tante a beaucoup d'esprit; que son jugement a été faussé sur bien des points, mais qu'elle est fort instruite. Elle a beaucoup lu et acquis une science en histoire et en littérature fort rare chez les femmes de son temps.

LAURE.

Oh! oui, je me doute qu'elle fait des madrigaux et des triolets sans rimes, sans mesure et sans orthographe.

VALÉRIE.

Tu te trompes.

LAURE.

Grand bien lui fasse! Ainsi, dans son intelligence, il y a place pour tout, excepté pour la justice.

VALÉRIE.

C'est là un examen, chère Laure, que nous ne sommes pas chargées de faire. Mais, écoute : comme je suis sûre que ma ruse réussira, parce que ma tante ne voudra pas se charger de doter magnifiquement une idiote, je ne m'inquiète pas du tout, et je vais avoir l'esprit assez libre pour faire l'imbécile le plus adroitement du monde.

SCÈNE XI.

LES MÊMES, FLEURETTE.

FLEURETTE.

Madame fait dire à mam'zelle Valérie de venir lui parler.

VALÉRIE

J'y vais. (Elle sort.)

FLEURETTE.

Quel dommage que je sois si pressée, mam'zelle Laure, je vous aurais fait joliment rire; mais, ce sera pour un peu plus tard.

SCÈNE XII.

LAURE, seule.

Quel bonheur si Valérie allait vraiment mériter la défaveur de ma grand'tante!... Mais, hélas! à quoi cela servirait-il, si ma tante est tellement attachée à d'absurdes préjugés que rien ne les lui fasse abandonner! — Pourtant, il est naturel et ordinaire qu'à défaut de l'aînée la cadette hérite de ses droits. — Il faudrait que ma tante eût complétement perdu l'esprit pour ne pas m'adopter, si Valérie lui paraît tout à fait imbécile! — Sourions donc à l'espérance de devenir châtelaine!..... — O mes rêves bien-aimés !... O tournois pompeux !... O fugitives ogives !... O sombres donjons !... O tours antiques !... — Bientôt, peut-être, je serai votre heureuse dominatrice !... — Allons, secondons la fortune... — Mettons à l'œuvre toutes les ressources de mon esprit, toute la souplesse de mon caractère, pour plaire à cette grand'tante, amie du noble et du distingué... — Je vais étudier mes mouvements et mes pauses.

ACTE DEUXIÈME.

SCÈNE I.

FLEURETTE.

Oh! la drôle de personne que cette marquise de la Crapaudière, de Bargouillère et de Mardor ! et, pour être plus risible, elle a imaginé de se faire appeler Jonquille. — Madame dit pourtant qu'il faudra que je suive mademoiselle Valérie. Tant mieux ! Je m'amuserai joliment dans ce château ! Cette vieille Organde est si comique ! — Il n'y a qu'une chose qui m'inquiète; c'est que j'ai peur qu'il n'y ait des revenants dans ces grandes tours ! — Ça me fait souvenir de cette chanson que m'a apprise la vieille Jeanne. Dame! elle est bien triste! — Elle me fait tant de frayeur, que je tremble comme la feuille quand je la chante... — Mais aussi, elle est bien belle! — Allons, il faut la chanter. (Elle chante.)

Le soleil ayant fui derrière la montagne,
Il faisait aussi noir qu'au milieu des loups;
Un pauvre voyageur perdu dans la campagne,
Arrive au vieux castel, et là frappe trois coups!
Une voix lui répond, une voix lamentable:
— Entrez, entrez, entrez! Entra le voyageur;
Puis, il vit devant lui l'image abominable
Du diable!!!
Ah! qu'il eut peur!

(Parlé.) Dame! il y en avait plus qu'il en faut pour faire défunter un homme.

Ce diable avait un nez aussi long qu'une toise;
Un pied rouge et fourchu, des ongles de lion;
Le teint d'un gris foncé, comme la vieille ardoise;
Une barbe de feu pendait à son menton!
Il n'avait qu'une dent, terrible, épouvantable!
Qui vous croqua d'un coup le pauvre voyageur!...
Vous pensez quel soupir poussa le misérable!
Il était déjà mort qu'il avait encor peur!

(Parlé.) Ah! que c'est effrayant! — Quand on sait de ces histoires-là, et qu'on est sûre qu'elles sont vraies (et tout le village le jurerait s'il en était besoin), dame! ça vous dégoûte un peu des châteaux. — Mais, je prendrai des informations; et si, à Mardor, quelqu'un a jamais vu seulement le bout de la queue du diable, rien au monde ne m'y ferait aller. — Allons, il ne faut plus que je pense à tout cela, parce que ça me ferait tourner la tête. — Je parie que cette nuit j'y vas rêver. (On entend une grosse voix qui appelle Fleurette.) C'est le trotteur, bon; il va me dire si le diable est à Mardor. (Elle sort.)

SCÈNE II.

LAURE, entrant.

J'espère que ma sœur a fait auprès de ma tante une station d'une belle longueur! — Je crains bien qu'elle se soit trahie! — Mais, voilà cette femme de chambre que j'ai aperçue dans le jardin. — Elle pourrait peut-être me donner d'assez utiles avis. — Voyons; faisons-la causer.

SCÈNE III.

LAURE, ORGANDE.

LAURE, saluant.

Bonjour, Madame; vous devez être bien fatiguée de votre voyage?

ORGANDE.

Un peu, Mademoiselle; car depuis bien des années

la très-haute et très-puissante dame, ma maîtresse, n'était pas sortie de ses domaines, et, par conséquent, ni moi non plus.

LAURE.

Ma tante doit être harassée?

ORGANDE.

Mais non, Mademoiselle. La noble dame, ma maîtresse, a une grande énergie de volonté; de sorte que chez elle le moral est toujours plus fort que le physique.

LAURE.

Cependant son grand âge doit lui faire sentir le poids des fatigues?

ORGANDE.

Ma haute maîtresse a encore une santé de fer; sauf des toux et des migraines!

LAURE.

On dit qu'elle est bien bonne et bien généreuse, cette chère tante?

ORGANDE.

Cette puissante dame cède aux autres sur beaucoup de points; après cela, il y a des chapitres sur lesquels elle est extrêmement ferme.

LAURE.

Le droit d'aînesse, peut-être?

ORGANDE, prêtant l'oreille.

Mademoiselle me demandait si?...

LAURE.

Si le droit d'aînesse n'était pas aux yeux de ma tante une chose inviolable et sacrée ?

ORGANDE.

Oui, Mademoiselle ; à moins peut-être d'un cas très-extraordinaire.

LAURE, à part.

Oh! bonheur! Valérie a sup arfaitement jouer son rôle. (Haut.) Je croyais qu'aucune considération ne ferait passer ma tante par-dessus ce préju... ce droit, je veux dire.

ORGANDE. à part.

D'une enfant si jeune, on fait ce que l'on veut.

LAURE.

Vous ne m'entendez pas, Madame, il me semble?

ORGANDE.

Hélas ! pardon, Mademoiselle, c'est que je suis vieille, et partant un peu sourde.

LAURE.

Et vous pensez que ma tante ne tient pas infiniment à respecter le droit d'aînesse?

ORGANDE.

Je crois que mademoiselle de la Crapaudière y tient beaucoup; mais enfin, il serait possible que mademoiselle Valérie n'eût pas tout ce que demande mon honorée maîtresse pour devenir son héritière.

LAURE.

Elle est pourtant bien, ma sœur. Après cela,

voyez-vous, elle a les idées un peu communes, et je pense que ma tante veut qu'on ait de très-hautes pensées et de très-nobles sentiments.

ORGANDE.

Oh ! certainement, Mademoiselle ; ma noble maîtresse vit entièrement dans le passé, et elle se nourrit tous les jours des hauts faits de ses ancêtres.

LAURE.

Et elle vous en parle souvent, sans doute ?

ORGANDE.

Presque toujours. Du reste, chaque matin je lui lis sa généalogie.

LAURE.

Ah ! vraiment ? Et voudriez-vous me l'apprendre ?

ORGANDE.

Je le veux bien. Tenez, voilà un manuscrit dans lequel elle est détaillée ; je vous le prête ; mais, prenez bien garde de le perdre, Mademoiselle !

LAURE.

Vous êtes véritablement bien bonne. (A part.) Quel trésor ! (Haut.) Je suis sûre que vous devez beaucoup plaire à ma tante ; vous avez l'air si aimable et de si bon ton ! On voit bien que vous êtes habituée à la vie de château.

ORGANDE, à part.

Elle est pleine d'esprit, cette petite fille. (Haut.) Ma puissante maîtresse m'honore de sa glorieuse confiance, et daigne m'initier à tous ses secrets.

LAURE.

Une personne de votre mérite, Madame, devait sûrement obtenir une telle considération.

ORGANDE.

Mademoiselle est bien aimable. Mais, n'aurait-elle pas quelque envie de venir habiter le grand et illustre domaine de la célèbre famille des de la Crapaudière?

LAURE.

Oh! si, je vous assure! Malheureusement, je suis la cadette.

ORGANDE.

C'est vraiment dommage! Cependant, je pourrais plaider auprès de mademoiselle de la Crapaudière en faveur de Mademoiselle, si cela lui faisait plaisir.

LAURE.

Oh! je vous en aurais une éternelle reconnaissance; et, si vous réussissez, je vous promets qu'après la mort de ma tante, je vous donnerai un appartement dans celui de mes châteaux que vous préférerez habiter, et je vous ferai une rente viagère de douze cents livres par an.

ORGANDE, à part.

Jamais ma maîtresse ne m'a promis un écu après sa mort. (Haut.) Excusez, Mademoiselle, si je vous parle si lentement; mais, j'ai la parole un peu difficile. Eh bien! écoutez : puisque vous avez une si belle âme, je vous promets de travailler à vos intérêts.

LAURE.

Vous pouvez le faire d'autant plus en conscience, que ma sœur n'a aucune envie de suivre ma tante.

ORGANDE.

Je vous crois, certainement. Seulement, je vous prierais de vouloir bien me donner un petit papier par lequel vous m'assurerez ce que votre belle âme veut bien faire pour moi.

LAURE.

C'est très-juste, il faut récompenser les personnes qui nous sont dévouées. Tenez, je vais l'écrire. (Elle écrit.)

ORGANDE, à part.

Oh! la bonne fortune!

LAURE.

Ecoutez; voici ce que j'ai mis :

« Je, soussignée, m'engage à payer à mademoiselle Organde, femme de charge de ma grand'tante la marquise Jonquille de la Crapaudière, de Bargouillère et de Mardor, la somme de 1,200 livres par année à dater de la mort de ladite tante.

« LAURE-ANNE DE LARGELIS. »

Vous voyez que c'est clair comme le jour.

ORGANDE.

Assurément, et je suis quasi-pétrifiée de reconnaissance! Après cela, Mademoiselle, tout ceci est entre nous; bien entendu qu'il n'en faut pas parler à mademoiselle de la Crapaudière, parce que je ne dois pas vous taire qu'elle a horreur des billets et des engagements.

LAURE.

Vous pouvez compter sur ma discrétion. A présent, dites-moi quel est le moyen le plus sûr de plaire à ma tante?

ORGANDE.

C'est de savoir sa généalogie.

LAURE.

Que cela?

ORGANDE.

De faire l'éloge des temps passés, de blâmer le siècle présent, de louer la beauté et la grâce du chat noir de ma noble maîtresse.

LAURE.

Tout cela est fort aisé. Mais, dites-moi, du reste, est-elle facile à vivre?

ORGANDE.

Franchement, ma haute maîtresse est un peu impérieuse, passablement exigeante. Et puis, quand elle a sa toux et sa migraine, il faut se tenir avec elle, fermer les volets et les rideaux, et ne pas dire un mot de la journée.

LAURE.

Cela n'est pas fort gai. J'espère au moins que ses indispositions sont rares?

ORGANDE.

Ma noble maîtresse est atteinte de sa toux trois mois d'hiver, et de ses migraines, deux mois de la belle saison.

LAURE.

C'est effrayant!

ORGANDE.

Mais, j'espère que mademoiselle de la Crapaudière n'exigera pas de sa jeune nièce qu'elle ne la quitte jamais; il lui suffit, depuis cinquante ans, de mon humble compagnie dans ces journées douloureuses.

LAURE.

A la bonne heure!

ORGANDE.

D'ailleurs, quelque illustre que soit la race d'où sort mademoiselle votre tante, ce n'est pas celle des immortels. Ma noble maîtresse mourra malheureusement; et alors, Mademoiselle, vous deviendrez la très-haute et très-puissante dame de la Crapaudière, de Bargouillère et de Maròor; ce qui veut dire que vous posséderez trois magnifiques domaines en parfaite liberté.

LAURE.

J'entends du bruit; je vous quitte, Madame, et je remets mes intérêts dans vos mains.

ORGANDE.

Soyez tranquille, Mademoiselle.

SCÈNE IV.

MADEMOISELLE DE LA CRAPAUDIÈRE, ORGANDE.

Mlle DE LA CRAPAUDIÈRE.

Mon neveu m'a fait faire une belle équipée! j'en suis furieuse, vraiment. Comment! me faire venir du fin fond du Béarn, du pic des montagnes, pour adopter une idiote! Oui, c'était fort commode de se débarrasser ainsi d'une fille imbécile. Mais vous imaginez bien que je ne veux pas passer mon nom et mes terres à une sotte; réellement, on ne sait pas ce qui pourrait arriver avec une pareille niaise; elle serait capable de manger tout son héritage, de tout gaspiller... Et puis, que deviendrait la gloire de cette maison antique dont je suis le dernier rejeton? O Organde! quelle douleur! je n'y survivrai pas, mon enfant. J'avais fait de si beaux projets! maintenant, il faut renoncer à tout...

ORGANDE.

Que Mademoiselle me permette de lui rappeler que mademoiselle Valérie a une sœur.

Mlle DE LA CRAPAUDIÈRE.

Une cadette... y pensez-vous? Mais qu'est-ce que c'est que cela? ça aura passé la moitié de sa vie en nourrice, et l'autre, à jouer avec quelque petite paysanne; une sœur de lait, par exemple; et ça n'aura plus aucune idée élevée et noble!

ORGANDE.

Ma noble maîtresse sera surprise de voir combien mademoiselle Laure a d'esprit, de sens et d'élévation. J'ai causé tout à l'heure avec elle, et je puis assurer que c'est une vraie merveille.

Mlle DE LA CRAPAUDIÈRE.

Ce serait bien singulier... Après ça, l'aînée est si dénuée de bon sens, qu'il serait possible que la plus jeune eût de l'intelligence. Il faut bien que le miraculeux esprit des de la Crapaudière soit passé quelque part!

ORGANDE.

Je puis certifier à Mademoiselle que cet esprit s'est logé dans le petit cerveau de la cadette des Largelis.

Mlle DE LA CRAPAUDIÈRE.

C'est un bien bizarre caprice de la nature; mais, enfin, on voit de temps à autre des phénomènes étranges! Cette petite me ressemble-t-elle?

ORGANDE.

Elle a les yeux vifs, le front élevé, et le nez à la Bourbon de ma très-haute et très-puissante maîtresse. En un mot, c'est sa véritable copie.

Mlle DE LA CRAPAUDIÈRE.

Faites-la moi venir bien vite. (Organde sort.)

SCÈNE V.

Mlle DE LA CRAPAUDIÈRE, seule.

Qu'elle est donc inepte, cette aînée! — Je ne sais pas d'où elle sort! — Elle aura été changée en nourrice.

SCÈNE VI.

LA MÊME, ORGANDE, LAURE.

ORGANDE, (à part, à Laure.)

Faites trois révérences en vous tenant fort droite; ne vous mouchez pas en sa présence; parlez haut, en faisant une voix fine. (Laure salue et reste à une grande distance.)

Mlle DE LA CRAPAUDIÈRE.

Approchez, mon enfant, et dites-moi ce que vous pensez de vos aïeux?

LAURE.

Je pense, ma très-haute et très-puissante tante, que ce furent d'illustres héros, et qu'il est glorieux de leur appartenir.

Mlle DE LA CRAPAUDIÈRE.

Très-bien; et sauriez-vous par cœur leur noble filiation?

LAURE.

Oh! je ne me permettrais pas de l'ignorer. Le premier des de la Crapaudière se nommait Jacques

Valas. Il prit le nom de la Crapaudière d'un fief que lui concéda l'empereur Charles le Chauve, fief où pullulaient de petits crapauds quand une pluie abondante était tombée.

Mlle DE LA CRAPAUDIÈRE.

C'est parfaitement ; le mot à mot exact.

LAURE.

Jacques, jaloux d'améliorer un fief concédé par l'empereur, et mérité par de hauts faits d'armes, transpira abondamment pour arriver à l'extirpation des crapauds qui l'envahissaient, et mourut d'un refroidissement resté à jamais célèbre.

Mlle DE LA CRAPAUDIÈRE.

Admirable aïeul ! ce fut un héros malheureux.

LAURE.

Son fils, Germain le Noir, doté d'une figure romaine et d'un cœur valeureux, acheva l'extinction des crapauds dans sa terre, et mérita à ses descendants, sous le règne de Philippe-Auguste, la gloire de porter un crapaud dans leurs armoiries. Ses fils et ses petits-fils se montrèrent dignes d'un tel père. Enfin, Clou l'Étique, un de leurs arrière-neveux, rehaussa la gloire de sa maison en mourant de soif dans les sables brûlants de la Syrie. Plus tard, les de la Crapaudière s'illustrèrent encore sous le règne de Louis XII, en fournissant un fou à ce monarque. Ce petit être pétillait d'esprit et faisait les délices de la cour : il mourut jeune, léguant à ses descendants une petite taille, mais une prodigieuse intelligence, qui semble s'être concentrée dans la tête de la dernière fille des de la Crapaudière, mademoiselle Jonquille, marquise de la Crapaudière, de Bargouillère et de Mardor, ma très-haute et très-puissante tante.

Mlle DE LA CRAPAUDIÈRE.

Vous êtes un petit miracle de science et d'esprit ; je veux vous récompenser. Organde, présente à ma nièce, qui est pleine de sens, de raison et de noblesse, mon gros chat noir à baiser. (Laure baise le chat.) Il n'a pas dit un mot ; c'est que cette chère enfant a des lèvres comme celles que j'avais jadis ! des lèvres de velours. Décidément je l'adopte.

LAURE, se jetant à genoux.

Ah ! ma tante ! ma grand' tante ! Quelle bonté !... combien je suis reconnaissante !

Mlle DE LA CRAPAUDIÈRE.

Ecoutez-moi, maintenant, songez à vous rendre digne de votre haute destinée. Par un de ces caprices du sort, qu'on a quelquefois vus, et notamment dans l'histoire d'Oglandine de Coucy, qui fut préférée à sa sœur aînée Hermangarde ; par un de ces caprices, dis-je, vous avez hérité, contre l'ordinaire, de l'esprit et de la capacité qui appartenaient de droit à votre sœur. Je suis obligée de me prêter à la volonté du sort, ainsi que le fit la noble et héroïque dame de Coucy, arrière-grand' tante de la jeune Oglandine. Je viens donc aujourd'hui, à défaut d'aînée spirituelle dans mes descendants, et surtout à défaut de neveu, car, hélas ! Charles de la Crapaudière a sans doute péri en Algérie, puisque je n'ai de lui aucune nouvelle ; je viens, dis-je, vous léguer mes titres, mes propriétés, mes trésors, à la condition expresse que vous n'altérerez jamais mon héritage ; et qu'il passera intact à l'aîné de vos fils, si le ciel vous en donne ; puis à l'aîné fils de votre fils, puis à l'aîné fils du fils de votre fils, jusqu'au dernier des aînés fils, à moins que cet aîné fils ne soit idiot comme votre sœur ; car, alors, il faudrait agir comme la noble dame de Coucy et moi, et passer, hélas ! au cadet.

LAURE.

Je serai fidèle, ma grand' tante, à toutes vos recommandations ; et elles seront pour moi sacrées et inviolables.

SCÈNE VI.

LES MÊMES, FLEURETTE.

FLEURETTE.

Voilà une lettre pour la très-haute et très-puissante dame de la Crapaudière, qu'un courrier, tout chamarré de vert et galonné de rouge, vient d'apporter.

Mlle DE LA CRAPAUDIÈRE.

C'est bien. Donnez vite, petite; ce doit être une mission de mon intendant pour me donner des nouvelles de l'aîné de mes chats que j'ai laissé fort souffrant. Passons dans ma chambre. Organde, venez me prêter le secours de vos yeux.

(Mlle de la Crapaudière et Organde sortent.)

SCÈNE VII.

FLEURETTE, LAURE.

LAURE.

Enfin, mes vœux sont accomplis; je suis châtelaine!... Ecoute, Fleurette; ma sœur, qui ne voulait pas quitter maman, a fait l'imbécile pour se faire déshériter par ma grand' tante, en ma faveur; je vais donc partir pour le Béarn, et tu vas me suivre. Quel avenir brillant nous est offert! la fortune vient nous sourire! Oh! Fleurette, quel bonheur!

FLEURETTE.

Et quand partons-nous?

LAURE.

Ce soir même. Je vais faire mes adieux à ma mère et à ma sœur. Commence à préparer mes coffres et mes malles.

FLEURETTE.

Pourtant, tenez, Mam'zelle, je me sens un peu triste de quitter ma mère et mon village.

LAURE.

Mais, songe donc, Fleurette, à tout ce que tu vas avoir, à tout ce que je te donnerai !...

FLEURETTE.

Qu'est-ce que ce sera donc, Mam'zelle ?

LAURE.

Tu seras mon intendante ; tu auras un trousseau de clefs suspendues à ta ceinture, et tout le monde, excepté moi, t'obéira dans mes domaines.

FLEURETTE.

Et je vous suivrai partout, comme mademoiselle Organde suit mademoiselle de la Crapaudière ?

LAURE.

Oui.

FLEURETTE.

Et est-ce qu'il faudra aussi que je porte votre chat ?

LAURE.

Fi donc ! je déteste ces vilaines petites bêtes.

FLEURETTE.

A la bonne heure !

LAURE.

Puis, quand tu seras devenue vieille, vieille...

FLEURETTE.

Vieille comme le vieux Thomas, qui a près de cent ans?

LAURE.

Non. Quand tu en auras seulement cinquante, je te permettrai de te reposer; et alors je t'établirai dans une jolie petite maison blanche, environnée d'une prairie. Là, tu auras des poules, des lapins, une vache, un charmant jardin rempli des meilleurs légumes.

FLEURETTE.

Et je pourrai faire venir ma pauvre mère avec moi?

LAURE.

Certainement. Aussitôt la mort de ma grand' tante, maman et Valérie feront un voyage chez moi, et elles amèneront ta mère.

FLEURETTE.

Oh! quel bonheur! Mam'zelle, partons bien vite, s'il vous plaît.

LAURE.

Un peu de patience. Adieu. (Elle sort.)

SCÈNE VIII.

FLEURETTE seule, chantant.

Ah! quel beau jour!
Ah! quel bonheur!

De plaisir palpite mon jeune cœur!
Ah! quel beau jour!
Quel avenir!
Fleurette, hâte-toi d'en jouir.

Sur l'herbe fleurie
Je vois déjà mes lapereaux;
Et dans la prairie
Mes gentils agneaux!
Ah! quel beau jour! etc.

Mes belles chevrettes,
Sur la bruyère et sur le thym.
J'entends vos clochettes
Qui font tin, tin, tin....
Ah! quel beau jour! etc.

Et le plus joli de l'affaire, c'est qu'il n'y a pas de revenants à Mardor! — le coureur me l'a juré; il m'a dit que seulement une fois l'ombre d'un la Crapaudière avait apparu, parce qu'on avait laissé les crapauds envahir le parc; mais, depuis qu'on les en a extirpés, on n'a jamais aperçu le linceul d'un seul fantôme. — Oh! soyez tranquille, allez; je me charge de ne pas laisser vivre un reptile. — Je tuerai tout, même les grenouilles, parce qu'elles sont cousines germaines des crapauds.

SCÈNE IX.

FLEURETTE, VALÉRIE, MADAME DE LARGELIS.

FLEURETTE.

Madame, vous savez tout? Je m'en vais faire mon paquet!

Mme DE LARGELIS.

Pour quel voyage, donc?

FLEURETTE.

Mais, pour le Béarn, avec mam'zelle Laure, que mam'zelle de la Crapaudière vient de faire son héritière.

Mme DE LARGELIS.

Tu es donc bien pressée de nous quitter, Fleurette?

FLEURETTE.

Dame! non, Madame; mais, c'est que mam'zelle Laure m'a promis de si belles choses que la tête m'en tourne quasi! Une maison blanche où je pourrai faire venir ma mère, des poules, des lapins, des chèvres...

SCÈNE X.

LES MÊMES, LAURE.

Mme DE LARGELIS, *à Laure.*

Ainsi, ma fille, vous nous quittez aujourd'hui même?

LAURE.

Hélas! oui, maman; je vous cherchais pour vous dire adieu, car, ma grand' tante a exprimé le désir de partir aussitôt l'adoption.

Mme DE LARGELIS, avec ironie.

Je vous félicite, Laure, du courage que vous montrez dans un pareil moment!

VALÉRIE.

Oh! ma chère maman, pardonnez-lui, je vous en prie, un moment d'enthousiasme, qui fera bientôt place, j'en suis sûre, à la douleur de se séparer de vous.

FLEURETTE, à Laure.

Mam'zelle, tenez, tout ça m'apitoie; peut-être, il vaut mieux rester. D'ailleurs, comme dit ma mère, ce n'est pas la fortune qui fait le bonheur, toujours!

LAURE.

Hélas! (Elle pleure.)

SCÈNE XI.

LES MÊMES, MADEMOISELLE DE LA CRAPAUDIÈRE, ORGANDE.

Mlle DE LA CRAPAUDIÈRE.

Quel bonheur! un la... un la Cra... un Crapaud... di... ère retrouvé! (Tendant une lettre à Mme de Largelis.) Lisez, lisez, ma nièce; relisez-moi cette heureuse, cette bien-aimée nouvelle que Son Excellence le ministre de la guerre vient de m'envoyer.

LAURE.

Ah ciel!

VALÉRIE.

Du courage, ma petite sœur.

Mme DE LARGELIS, prenant la lettre et lisant.

« Ministère de la guerre. Paris, 20 juillet.

« Mademoiselle,

« J'ai l'honneur de vous prévenir que les bureaux du ministère viennent de recevoir l'avis du retour de M. Charles de la Crapaudière, votre neveu, à Alger. Il a eu le bonheur d'échapper enfin à une longue et dure captivité chez les Bédouins. S. M. l'empereur, désirant récompenser les services et les souffrances glorieuses de monsieur votre neveu, l'a promu au grade de colonel.

« M. de la Crapaudière doit arriver en Béarn dans peu de jours.

« Daignez agréer, Mademoiselle, etc., etc.»

LAURE.

Je me meurs!

FLEURETTE.

Mam'zelle, allons, soutenez-vous.

Mlle DE LA CRAPAUDIÈRE, à Mme de Largelis.

Ma chère nièce, je pense que vous devez trop tenir à l'éclat du nom de votre tante pour regretter de voir passer mon héritage à un la Crapaudière; et vous, Laure, vous vous consolerez aussi, n'est-ce pas, mon enfant, par la pensée que vous descendez d'une famille la plus illustre de toutes celles de France! — Mais, allons, ne perdons pas le temps ; qu'on harnache mes chevaux.

ORGANDE, à part.

Mes pauvres rentes, qu'êtes-vous devenues?

Mme DE LARGELIS.

Fleurette, allez faire atteler la voiture de mademoiselle de la Crapaudière.

FLEURETTE.

Oui, Madame. (Elle sort.)

Mlle DE LA CRAPAUDIÈRE.

Quel événement extraordinaire! Quel heureux coup du sort! et quelle félicité d'avoir vécu assez longtemps pour revoir le rejeton de ma noble race!

SCÈNE XII.

(On entend les miaulements d'un chat.)

LES MÊMES, Mlle DE LA CRAPAUDIÈRE.

Oh ciel! qu'est-ce donc qui arrive à mon cher Bolivar? Organde, comment l'avez-vous quitté?

FLEURETTE, accourant avec le chat.

C'est bien la journée des malheurs! Notre gros dogue s'est querellé avec le chat de la très-haute et très-puissante demoiselle de la Crapaudière, et dame! dans le feu du combat, le chat a perdu la queue. Tenez, le v'là tout racoquillé dans mon mouchoir de poche, et le pauvre animal tremble encore comme une feuille.

Mlle DE LA CRAPAUDIÈRE.

Je m'évanouis! Organde, vite de l'eau de Cologne ou du vinaigre des quatre voleurs! Ah! quelle angoisse! Rendez-le-moi, ce bien-aimé, cet ami de ma jeunesse! je ne lui survivrai pas!

FLEURETTE.

Oh! que Mademoiselle se remette; il n'est pas en danger de mort!

Mlle DE LA CRAPAUDIÈRE, embrassant le chat.

Cher amour! (A Fleurette.) Croyez-vous qu'il pourra supporter le voyage?

FLEURETTE.

Mais, oui, Mam'zelle, puisqu'il le fera en voiture.

Mlle DE LA CRAPAUDIÈRE.

Hâtons-nous; partons sans le moindre délai. Adieu, mes chères nièces; venez m'accompagner.

(Mme de Largelis et Valérie sortent.)

SCÈNE XIII.

LAURE.

O rage! ô désespoir!... Et dire que j'ai fait des bassesses! que j'ai baisé le chat! que je me suis mise à genoux!

FLEURETTE.

Et à deux genoux même, Mam'zelle, à ce qu'Organde m'a dit; comme quand vous faites votre prière.

LAURE.

Ah! Fleurettte, n'ajoute pas à ma honte et à mes regrets! Tu n'as rien à te reprocher, toi; mais, moi, je me suis montrée à la fois ingrate, flatteuse, ambitieuse et sans cœur!

FLEURETTE.

Que voulez-vous, Mam'zelle, à tout péché miséricorde, comme dit monsieur le curé! Maintenant, il faut aller trouver madame votre maman, et lui avouer toute la vérité. C'est comme cela que je fais avec ma mère, moi.

LAURE.

Oui, j'y vais; et maman est si bonne, qu'elle me pardonnera, ainsi que ma sœur. Cette sœur si parfaite! Ah! que je suis loin de lui ressembler!

FLEURETTE.

Ecoutez, Mam'zelle, il me vient une idée! Comme malgré ses bonnes résolutions on retombe souvent dans ses péchés, j'ai un moyen tout prêt pour y remédier. Il est dans ma poche : tenez, le v'là.

(Elle tire la queue du chat.)

LAURE.

Ah! Fleurette, comment peux-tu rire dans un pareil moment!

FEURETTE.

Dame! Mam'zelle, je ne ris pas; que j'ai quasi envie de pleurer! Mais, n'est-il pas vrai qu'en voyant cette queue nous nous souviendrons de notre orgueil? D'abord, les orgueilleux sont toujours punis; voyez Nabuchodonosor. Encore bien heureuses de n'être pas changées en bêtes!

LAURE.

Allons, je vais trouver maman.

SCÈNE XIV.

FLEURETTE, seule.

Cette pauvre mam'zelle Laure, je la plains bien! mais, qu'est-ce que vous voulez? on ne peut pas pleurer toujours. Et quand je pense à cette vieille demoiselle de la Crapaudière, à cette vénérable Organde, à ce malheureux chat tout cataplasmé, je ne puis pas m'empêcher de rire, j'étouffe!...

FIN D'AMBITION TROMPÉE.

LES AVENTURES

DE

ROBERT DE NONSAVOIR

PERSONNAGES.

Le Prince de NONSAVOIR.
La Princesse de NONSAVOIR.
ROBERT, leur fils.
ALINE, leur fille.
M. RIGORIS, précepteur.
LAFLEUR, valet du prince.
M. GRIMAÇOT, saltimbanque.
GRIMACETTE, fille de M. Grimaçot.
Un Sansonnet.

NOTA. — Les *Aventures de Robert de Nonsavoir* et le *Marquis de Sarus* doivent être joués dans les pensionnats à l'aide de personnages mécaniques tels qu'on les voit aux théâtres enfantins des Champs-Élysées.

Tout le monde sait que, tandis que des enfants cachés derrière la scène font le dialogue, d'autres se chargent de faire exécuter aux personnages mécaniques les mouvements demandés par le rôle qu'ils remplissent.

LES AVENTURES

DE

ROBERT DE NONSAVOIR

PREMIER TABLEAU.

La scène représente une chambre d'écolier. — Un sansonnet dans une cage.

SCÈNE I.

ROBERT, *jetant un livre avec impatience.*

M. Rigoris perd son latin à m'apprendre le grec. — Il se rendra poitrinaire à force de déclamer contre mon ignorance. — Il me fait, sur les ouvrages de Platon et d'Aristote, des dissertations à perte de vue qui lui causent d'effrayantes quintes de toux. — Toutes les pastilles pectorales de France ne suffiraient pas à lui adoucir le gosier. — Oh! quel ennuyeux personnage qu'un professeur de grec et de latin!

(*Il regarde à la pendule.*)

Voilà l'heure de ma classe passée de cinq minutes. — M. Rigoris s'est cassé au moins une jambe pour être aussi en retard. — Mais, j'entends du bruit... — Il faut reprendre mon livre et avoir l'air absorbé dans les profondeurs de l'étude. — Bonheur !... — Ce n'est pas lui ! — C'est mademoiselle ma sœur : la sagesse personnifiée ! — l'application et le succès réunis ! — le chef-d'œuvre d'éducation de M. Rigoris.

SCÈNE II.

ROBERT, ALINE.

ALINE.

Tu ferais bien mieux d'apprendre, Robert, que de dire tant de paroles inutiles.

ROBERT.

Ma très-excellente et très-honorée, j'apprends pour marcher sur vos traces; et même, la contention de tête que je me suis donnée, nécessite pour ma santé, un peu d'exercice. Voulez-vous faire une petite partie de coups de poing?

ALINE.

Vraiment, oui; attends cela, va. L'autre jour, quand, par complaisance, j'ai consenti à jouer avec toi, tu as failli me rompre le cou ! D'ailleurs, je n'ai pas le temps de m'amuser. Il faut que je revoie ma leçon.

ROBERT.

Vous jouerez, mademoiselle, entendez-vous? et choisissez, vite, un jeu. Prenez-le chez les Grecs, en l'honneur de M. Rigoris. Voyons, voulez-vous la lutte ou le pugilat?

(Il s'avance vers Aline les poings levés.)

ALINE.

Robert, finissez!

ROBERT.

Je commence.

(Il la frappe.)

ALINE.

Aïe! aïe! aïe! Tu m'as brisé une dent, et je vais saigner du nez.

ROBERT, chantant.

Si ton nez, Mademoiselle,
Parait un peu cabossé,
Va, tu n'en es pas moins belle
Sous ton noir sourcil froncé.
Ah! crois-moi, cesse de geindre;
Tu perds ta peine et ton temps.
Personne ici pour te plaindre
Ni pour te rendre des dents.

ALINE.

Vilain, méchant!

ROBERT, chantant.

Avec un morceau de ficelle
Ma sœur on vous la remettra;

Un peu de gomme ou de chandelle
Soudain vous le replâtrera;
Mais, si la soif de la vengeance
S'allume au fond de votre cœur;
Vous ferez mettre en pénitence
Votre très-humble serviteur.

(Il la salue profondément.)

Quelle peine sera assez rigoureuse pour châtier dignement le barbare qui vous a enlevé ce fragment d'albâtre? Un morceau de pain sec? vingt coups de férule? des oreilles d'âne? Vous savez que j'ai un précepteur qui ne recule devant aucune sévérité! Portez-lui vos plaintes. Tenez, justement, il s'avance vers nous.

SCÈNE III.

LES MÊMES, M. RIGORIS.

M. RIGORIS.

Qu'avez-vous, mademoiselle? Vous pleurez?

ALINE.

Oh! ce n'est rien, Monsieur.

M. RIGORIS.

C'est quelque chose. Je gagerais que monsieur votre frère vous a fait une méchanceté!

ALINE.

Ne le grondez pas, Monsieur, je vous en prie!

M. RIGORIS.

Excellent cœur! J'ai tout vu. Je suis là depuis un quart d'heure. Il vous a battu, le cruel!

ALINE.

Il n'avait pas l'intention de me faire mal, Monsieur.

M. RIGORIS.

En vérité, Monsieur, je ne sais plus que faire de vous! Vous êtes désespérant! Et sans le contentement parfait que me donne mademoiselle votre sœur, je prierais monsieur votre père de vous confier à un bras plus fort que le mien. Oui, Monsieur, il vous faudrait un précepteur redoutable... Un homme dans le genre antique et qui...

ROBERT, à part.

M'écorchât vif tous les matins.

M. RIGORIS.

Que dites-vous? des impertinences, sans doute. Et monsieur votre père comptait faire de vous un héros! O respectable aveuglement! mais, cruelle déception! Que serez-vous jamais? dites, Monsieur, que serez-vous?

LE SANSONNET.

Bêta!

M. RIGORIS.

Tenez, Monsieur, voilà un innocent volatile qui

vient à son insu, poussé par l'invincible vérité, de vous donner l'épithète qui peut le mieux vous convenir.

ROBERT.

N'est-il pas naturel, Monsieur, que ce sansonnet, ne quittant jamais ma chambre, répète ce qu'il m'entend dire? Il prouve que j'étudie le grec, voilà tout.

M. RIGORIS.

Il prouve, Monsieur, qu'il a fallu que je répétasse mille fois la même lettre pour la faire entrer dans votre esprit.

ROBERT.

C'est précisément parce que l'on me redit sans cesse les mêmes choses qu'elles finissent par m'ennuyer.

M. RIGORIS.

Et que prouve encore, Monsieur, la persévérance avec laquelle je suis forcé de recommencer mes leçons, sinon que vous êtes un...

LE SANSONNET.

Bêta!

ROBERT.

Maudite bête! Te tairas-tu!

M. RIGORIS.

Oui, Monsieur, vous ne serez jamais ni un savant ni un héros: Primo, vous ne voulez rien apprendre;

secundo, vous n'avez rien de magnanime dans l'âme. Plaise au ciel qu'au moins, si vous ignorez la langue d'Homère, vous reteniez quelques mots de celle qu'a daigné parler Virgile! Et à propos de ce grand homme, dites-moi ce que vous en savez?

ROBERT, à part.

Je n'en sais rien. (Haut.) Il naquit...

M. RIGORIS.

Ceci est clair comme le jour; puisqu'il est mort, c'est qu'il était né... Après.

ROBERT.

Je l'ai oublié...

M. RIGORIS.

Tenez, Monsieur, vous me poussez à bout! Vous êtes bien l'écolier le plus...

LE SANSONNET.

Bêta!

M. RIGORIS.

Soit, j'y consens. Je ne me serais pas servi d'un pareil terme, par respect pour la langue d'Aristote; mais, puisque ce n'est pas moi qui en ai fait la profanation en vous l'appliquant, je n'ai pas à m'en repentir. Enfin, Monsieur, puisque vous battez si bien et savez si mal, vous serez prisonnier avec Virgile et votre Sansonnet.

ALINE.

Oh! grâce pour Robert, Monsieur! Il sera plus appliqué demain.

M. RIGORIS.

Ma chère petite demoiselle, n'intercédez pas pour un endurci. Je manquerais à mon devoir si je lui faisais miséricorde. Laissons-le seul.

SCÈNE IV.

ROBERT, chantant.

Je vous le demande, à quoi bon
Le latin et la rhétorique?
Eh quoi! pour illustrer son nom
Faut-il être poëte épique?
Qui me rendra ces temps heureux
Où dans sa lance meurtrière,
Le baron fier et belliqueux
Trouvait l'honneur de sa bannière?

Celui de mes nobles aïeux
Que mon père le plus admire,
A su rendre son nom fameux
Quoiqu'il ne sût pas même écrire!
Oui, je suis né pour le combat
Et promet, foi de gentilhomme,
D'ignorer toujours le...

LE SANSONNET.

Bêta!

ROBERT.

Dont monsieur Rigoris m'assomme.

J'entends des pas légers... Ce ne peut être que mademoiselle ma sœur qui glisse ainsi sur les gazons verts, comme disent les poëtes.

SCÈNE V.

ROBERT, ALINE, portant une assiette de potage.

ROBERT.

Oui, c'est bien mademoiselle de Nonsavoir... la fleur des femmes illustres! — Elle a bien fait de naître dans ce siècle lumineux; car il eût été indigne d'elle de filer dans un donjon. (Il s'avance vers elle et la salue profondément.) Voici, haute et puissante dame, votre très-humble captif! Pour la noble cause de votre dent cassée, je porte les fers et demeure dans cet obscur cachot avec l'ennuyeux Virgile et cet oiseau stupide. Trop heureux, néanmoins, Madame, d'être prisonnier en votre honneur.

ALINE.

Je te croyais triste, Robert, et je venais pour te consoler; car, j'ai vainement essayé de fléchir M. Rigoris.

ROBERT.

M. Rigoris est inflexible... C'est le chevalier de Dure-Roche.

ALINE.

Robert! Robert! que tu es irrespectueux!

ROBERT, s'agenouillant.

Madame, je suis le plus soumis des serfs de vos domaines. Vous n'ignorez pas que je suis sans cesse en pénitence pour vos petites criailleries et vos lamentables plaintes?

ALINE.

Robert, tu me désoles avec tes railleries! tu es d'une dissipation qui te portera malheur... je te le prédis.

ROBERT.

Madame, je n'aime pas les prophéties de malheur; ainsi, veuillez clore vos lèvres de rose.

ALINE.

Et toi, cesse de babiller, si tu le peux, et mange ce potage.

ROBERT.

Madame, je ne me nourrirai que d'herbes crues en repentance de vous avoir ébranlé la mâchoire.

ALINE.

Mange donc, ça va être froid.

ROBERT, mangeant.

Pour obéir à votre grâce.

ALINE.

Est-ce bon?

ROBERT.

Excellent!

ALINE.

Tant mieux.

ROBERT.

O dame débonnaire! qui visitez les captifs et nourrissez vos bourreaux d'une soupe dorée, combien de lances romprais-je en votre honneur, si l'heureuse occasion s'en présentait !

ALINE.

Robert, je t'assure qu'au lieu de devenir raisonnable, tu te montres de plus en plus léger et...

LE SANSONNET.

Bêta !

ALINE, reprenant l'assiette.

Allons, adieu, Robert ; et étudie bien vite, pour être plus tôt pardonné.

ROBERT, la retenant par sa robe.

Eh quoi ! Madame, vous priveriez votre malheureux frère de la douceur de votre regard, et du charme consolateur de votre parole ? Lune de mes soirées, votre éclipse va m'ôter toute lumière ! Soleil de mes jours, votre absence va me jeter dans la nuit du Tartare !

ALINE.

On voit bien que tu passes ton temps à lire Don Quichotte, au lieu de traduire Virgile... Mais, laisse-moi partir !

ROBERT, la retenant toujours.

Fleur de mes jours de pénitence, vous allez donc m'être ravie ! Le vent de l'instabilité humaine va vous transplanter sur un autre sol ! Je vais pleurer seul dans cette sombre demeure ! Oiseau causeur, qui l'habites avec moi, garde un morne silence !...

Et toi, Virgile, qui as tant parlé durant ta vie, et qui parles encore après ta mort; toi, qui as dit et fait dire tant de paroles, reste muet de douleur. Je jure de ne pas te dire un mot, ni même de te regarder jusqu'au retour de la dame de mes pensées dans cette prison obscure.

ALINE, *s'échappant.*

Pour le coup, en voilà assez. Je suis libre, enfin... Robert, je t'en supplie, dépêche-toi d'apprendre !

ROBERT.

Adieu pour jamais, Madame ! Vous me trouverez mort d'ennui quand la compassion vous ramènera de nouveau près de moi. Ah! du moins, versez une larme sur la fin prématurée de votre malheureux...

LE SANSONNET.

Bêta!

ROBERT, *caressant l'oiseau.*

Sans rire, tu as raison, mon petit Sansonnet... le latin et le grec me rendent...

LE SANSONNET.

Bêta.

SCÈNE VI.

ROBERT, *seul.*

La cruelle est partie ! — Sort déplorable ! — J'ai fait semblant de m'amuser; mais, je m'ennuie...

(Il ouvre la fenêtre.) Quel beau soleil ! — Le moyen de rester en cage par un si beau temps? — Implacable Rigoris ! — Cet air est délicieux ! — Il m'enivre ! — Vive la liberté ! — Houp ! (Il saute par la fenêtre.) Au revoir, le latin, le grec et les pénitences !

(On l'entend chanter.)

Ah ! qu'il fait bon,
Au fond de ce vallon,
Après le papillon
De courir en cadence !
De sa beauté,
Mon cœur est enchanté.
Car dans la liberté
Est la félicité!

SCÈNE VII.

ALINE.

Bon ! voilà Robert parti ! — Quel lutin ! — Il aura sauté par la fenêtre, au risque de se briser les os ! — Et que va dire M. Rigoris? — Ah ! mon pauvre Robert, quels coups de férule quand vous rentrerez !.. — Mon père vous grondera !.. Vous serez au pain et à l'eau au moins pendant huit jours. — Comment ferez-vous, vous qui aimez tant les poulets rôtis et les lapins de garenne? — Hé ! plaise au ciel qu'il ne vous arrive pas d'autres malheurs, dans cette grande forêt dont on raconte des choses si terribles! — (Elle écoute.) J'entends M. Rigoris! — Si je me cachais, de peur qu'il ne me demande comment Robert a employé son temps de pénitence! — Oui, c'est cela. (Elle se cache.)

SCÈNE VIII.

M. RIGORIS.

Monsieur! monsieur! monsieur Robert! — Où êtes-vous, Monsieur? — Eh quoi! vous auriez osé partir? — Décamper? pourrais-je dire en langue plus vulgaire. — Oh! c'est là ce qui s'appelle une insurrection véritable. — Oui, Monsieur, votre conduite en a tous les caractères : vous avez calculé, médité, combiné ce noir complot dans l'ombre! — Vous aurez harangué votre sansonnet pour l'entraîner dans votre révolte! — Vous aurez substitué à l'autorité légitime de votre souverain, c'est-à-dire de votre précepteur, votre propre autorité! — Temps malheureux où l'écolier s'érige en recteur, faut-il que je sois né durant votre cours! — Heureux jours du triomphe de la férule! Heureux règne du bonnet d'âne! Vous êtes passés! — repassés! — trépassés!!! — Mais, réveillons notre énergie. — Ne laissons pas la rébellion s'asseoir sur le trône du commandement, et l'ignorance se moquer du grec et du latin. — Poursuivons, atteignons le coupable et faisons-le rentrer dans le devoir.

SCÈNE IX.

M. RIGORIS, LE PRINCE DE NONSAVOIR.

M. RIGORIS.

J'ai un effroyable malheur à apprendre à Votre Altesse.

LE PRINCE.

Eh quoi! mon fils se serait-il blessé?

M. RIGORIS.

Un coup de tête...

LE PRINCE.

Ciel! rien n'est plus dangereux!

M. RIGORIS.

Un coup de tête effrayant!

LE PRINCE.

Vite, mon chirurgien et mon apothicaire!

M. RIGORIS.

Un coup de tête effrayant... mais moral.

LE PRINCE.

Expliquez-vous, de grâce! Robert aurait-il manqué aux lois de l'honneur?

M. RIGORIS.

Aux lois de l'obéissance et du devoir, Monseigneur.

LE PRINCE.

Comment, et pourquoi?

M. RIGORIS.

Je vais diviser mon discours en deux parties : COMMENT? premier point. — POURQUOI ? second point. — Que Votre Altesse veuille m'honorer de sa bienveillante attention. (M. Rigoris se mouche et crache.)

LE PRINCE, à part.

Quelle patience il faut avoir avec un homme aussi méthodique! Mais, comme c'est probablement une affaire de grec ou de latin, je n'en suis pas très-inquiet.

M. RIGORIS, saluant.

Prince :

COMMENT? En sautant par cette fenêtre; en rendant le sansonnet complice de sa coupable fuite; en abandonnant ici Virgile qu'il ne devait pas quitter.

POURQUOI? parce que M. Robert ayant été fait mon prisonnier pour avoir ébranlé une dent à mademoiselle sa sœur et n'avoir pas su où naquit Virgile, n'a tenu nul compte de mes ordres et s'est révolté contre eux.

LE PRINCE.

Il a une ressemblance frappante avec Duguesclin enfant.

M. RIGORIS, à part.

J'accorde qu'il commence comme lui ; mais, nous verrons s'il finira de même. Voilà le papa ! voilà la maman ! — Les plus insupportables défauts de leurs enfants sont l'heureux pronostic des qualités héroïques.

LE PRINCE.

Je réfléchissais aux moyens de retrouver Robert ; car, je crains qu'il ne s'égare dans la forêt. Sa mère va être d'une inquiétude mortelle !

SCÈNE X.

LES MÊMES, LA PRINCESSE, ALINE, LAFLEUR.

LA PRINCESSE.

Mon fils ! mon fils ! où est mon fils ?

M. RIGORIS.

Calmez-vous, Madame, il se promène dans les bois.

LA PRINCESSE.

Oui, seul ! sans autre guide que son imprudence !

LE PRINCE.

Holà ? ho, Lafleur

LAFLEUR, entrant.

Que désire Son Altesse ?

LE PRINCE.

Vite, tous mes gens sur pied, et allons faire une battue : mes armes, mes cors et ma meute!

LAFLEUR.

Tout de suite, Monseigneur. (Il sort.)

LA PRINCESSE.

Que je suis malheureuse! Pauvre enfant! Ah! Robert! Robert! où es-tu?

LE PRINCE.

Tranquillisez-vous, Madame, nous vous le ramènerons. Adieu.

LA PRINCESSE.

Adieu, prince. Oh! ramenez-moi bien vite mon bien-aimé fils.

(Le prince sort.)

ALINE.

Chère maman, courage; ne vous désolez pas, je vous en prie!

LA PRINCESSE.

Je vais monter à la tour pour voir au loin du côté de la forêt; et toi, regarde par cette fenêtre dans l'avenue.

(Elle sort. — Aline regarde à la fenêtre.)

M. RIGORIS, à part.

Voilà les femmes françaises : des frayeurs, des clameurs, des terreurs!.. O mères spartiates, qu'êtes-vous devenues?

(On entend les gens du prince qui chantent)

Monseigneur s'en-va-t-en guerre
Vite déployons sa bannière.
Il prend son cimeterre
Et son casque brillant.
Madame se lamente
Dans sa déplorable épouvante,
Madame se lamente
Et pleure son enfant !

Partons, le cor résonne
Et sur la tour le beffroi sonne.
Monseigneur nous l'ordonne,
Traversons les taillis.
Car, dans la forêt sombre,
Où logent des sorciers sans nombre,
Car, dans la forêt sombre,
Il a perdu son fils !

ALINE.

Pensez-vous, Monsieur, que mon frère coure de grands dangers ?

M. RIGORIS.

Mademoiselle, le grand malheur n'est pas d'être étranglé par un lion ou avalé par un tigre ; mais, c'est de ne pas savoir le grec quand on est homme et surtout gentilhomme.

ALINE.

Robert ne croit pas du tout cela, Monsieur ; et il donnerait toutes les œuvres de Sophocle et d'Euripide pour une bataille à coups de poing.

M. RIGORIS.

C'est un vrai barbare... il me fera mourir de chagrin.

ALINE, chantant.

Votre tristesse est trop profonde
Elle vous ôte toute paix ;
Pourtant, que de gens dans le monde
Ne parlent pas même français !
Ah ! que votre cœur se désiste
D'un sentiment si douloureux !
Si Robert n'est pas helléniste,
Monsieur, du moins il sera preux.

M. RIGORIS, chantant.

Occire son prochain, et pourfendre son frère
Voilà le beau métier que l'on fait à la guerre !
En vérité c'est une horreur !
Les poëtes ont plus de cœur.
Ils détestent le sang
Et font bien vite place
Au conquérant ;
Témoin Horace
Et Démosthène aussi, l'immortel orateur....

ALINE.

Ciel ! j'entends des cris. C'est la voix de ma mère.

(Elle sort.)

M. RIGORIS.

C'est dommage. J'allais faire un discours dans lequel j'aurais prouvé péremptoirement combien la plume l'emporte sur l'épée, et comment les poëtes ont cent mille fois mieux mérité de l'humanité que les hommes de guerre. Ce sera pour une autre fois.

DEUXIÈME TABLEAU.

La scène représente une tente de saltimbanques sur la place publique d'un village. — Il est à peine jour.

SCÈNE Ire.

M. GRIMAÇOT, en bonnet de coton.

Quelle heure est-il? — Justement, l'horloge sonne. — Une, deux, trois, quatre, cinq. — Cinq heures! Et Léveillé est encore endormi! — Peste soit du fainéant! — Je fis une triste acquisition quand je m'embarrassai de ce gamin-là. — Ça vous a un peu d'esprit, c'est vrai. — Ça vous grimace déjà pas mal; ça promet même de réussir dans les contorsions; mais, c'est paresseux comme un loir. Allons, patience. — Peut-être qu'il me gagnera un jour quelque chose! —Mais, il est si lambin et de si mauvaise volonté, qu'il faudra lui rompre encore bien des bâtons sur le dos pour en tirer profit. (Il crie.) Holà! Léveillé! — Holà! grand fainéant! — Holà! petit mauvais sujet! — Réveille-toi, lève-toi, habille-toi en quatre minutes et demie, ou gare les étrivières!—Rien ne bouge!—Et mam'-zelle Grimacette n'est pas levée non plus! — Mais, celle-là, elle est fluette et délicate. — Il faut que je la ménage. — Et puis, c'est ma fille unique. — Une charmante créature, légère comme une biche et dansant sur la corde mieux qu'un écureuil. (D'une voix flûtée.) Holà! Grimacette, m'amour, ma poule, mon cœur, ma poupette! ouvrez vos jolis petits yeux! — Levez-vous, ma mignonne! — Je vais mettre la poêle sur le feu pour vous faire une délicieuse omelette au poivre, à l'ail et au piment! Hi-i-i-i! que ce sera bon! — Et vous aurez ensuite votre petit verre d'eau-de-vie! — Venez donc, ma bichonnette, savourer toutes ces douceurs! (D'une voix terrible.) Paraîtras-tu, toi, mauvais garnement?

SCÈNE II.

M. GRIMAÇOT, L'ÉVEILLÉ, en costume de saltimbanque.

M. GRIMAÇOT.

Ah! te voilà, enfin! Commençons par compter ensemble; tu devais être ici, présent devant moi, à cinq heures sonnant. Or, il doit être cinq heures vingt minutes! Autant de minutes perdues, autant de coups de martinet. — Approchez, Monsieur. — Comment, au mois de février, par une gelée magnifique, quand tout est blanc de neige, vous n'avez pas encore fait une centaine de cabrioles et un mille de tours à cinq heures du matin, le tout pour le plus grand bien de votre santé, la fortune de votre maître, et l'agrément de la société choisie qui doit admirer vos passe-passe? Allons, Monsieur, exécutez-vous; payez vos dettes. (Il frappe Léveillé.) Vlan, vlan, vlan. (Il frappe jusqu'à vingt.) Et un, comme de juste, par-dessus le marché : vlan!

LÉVEILLÉ, (pleurant.)

Aïe! aïe! aïe! Oh! la la! Je me meurs; je suis mort!

M. GRIMAÇOT,

Vous mentez, Monsieur. Vous vivez, puisque vous pleurez, et vous allez payer encore ce conte. Cinq coups de martinet, ce n'est pas trop cher. Vlan, vlan, vlan, vlan, vlan! Et un par-dessus le marché, comme de juste : vlan!

LÉVEILLÉ, pleurant.

Aïe! aïe! aie! Mon cher papa, ma chère maman!

SCÈNE III.

M. GRIMAÇOT, L'ÉVEILLÉ, GRIMACETTE.

GRIMACETTE, embrassant M. Grimaçot.

Eh! bonjour, mon très-bon petit père! Comment va la santé ce matin?

M. GRIMAÇOT.

Bien, très-bien, chère petite m'amour. Mam'zelle

ma fille, vous avez dû entendre le bruit de deux superbes expéditions que j'ai déjà faites. Je me suis en allé en guerre contre ce mauvais petit drôle ; et j'ai été obligé de le frapper si rudement, que j'en ai le bras rompu.

GRIMACETTE, à part.

Pauvre Léveillé! (Haut.) Allons-nous déjeuner, bon petit papa?

GRIMAÇOT.

Oui, ma bobinette. Mais, avant, va chercher un morceau de pain noir pour monsieur l'endormi. Il le mangera avec l'odeur de notre cuisine.

GRIMACETTE.

Oui, cher petit père.

(Elle chante.)

Vive le piment! vive l'eau-de-vie!
C'est une douceur
Qui donne du cœur.

SCÈNE IV.

M. GRIMAÇOT, L'ÉVEILLÉ.

M. GRIMAÇOT.

Or çà, Monsieur, tâchez de bien savoir le discours que vous devez prononcer ce soir devant l'honorable assistance que mon tambour doit convoquer. Et ayez soin de me saupoudrer cela d'un peu de latin pour y donner du goût, puisque jadis on vous en a sifflé aux oreilles. Voyez-vous, rien n'intéresse plus notre public que les choses qu'il ne peut comprendre; voilà pourquoi il faut lui couler, par-ci, par-là, du grec, du chinois, du baroque. Ça amuse notre monde, qui n'a pas inventé la poudre..., et qui est un peu..., vous me comprenez?... Je n'ose pas dire le mot par respect pour cette noble race de curieux qui nous fait vivre, tout en étant composée de....

LE SANSONNET, traversant d'un vol rapide la chambre et s'envolant par la porte.

Bêla!

M. GRIMAÇOT.

Allons, parions que mam'zelle Grimacette aura ouvert maladroitement la cage du sansonnet! Voilà la plus précieuse bête de ma maison échappée!

SCÈNE V.

M. GRIMAÇOT, L'ÉVEILLÉ, GRIMACETTE.

GRIMACETTE.

Mon petit papa, c'est pas moi qui l'ai fait partir. C'est lui qui est parti tout seul.

M. GRIMACOT.

Ah! Grimacette, si c'était Léveillé qui eût fait un coup pareil, je lui aurai brisé ma canne sur les épaules! — Mais, puisque c'est vous, je n'ai rien à dire; car, j'ai juré à madame Grimaçot, votre défunte mère, de ne jamais vous bourrer. Voilà pourquoi je vous passe tout; vous appelant, sans cesse, mon trésor, mon bijou, ma pomme d'api, ma petite bibiche et de vingt mille autres façons plus doucettes et plus douillettes les unes que les autres. Mais, sachez que je perds gros en perdant ce sansonnet, parce que la plupart des villageois, tout ébahis d'entendre parler un oiseau, me prenaient pour un magicien de première force et me fournissaient ainsi le moyen de gagner beaucoup d'argent. Témoin cette bonne femme qui, l'autre jour, m'apporta une belle et bonne pièce de cinq francs à condition de faire parler son âne auquel il ne manquait, disait-elle, que la parole. Vous savez, Grimacette, que vous-même posâtes l'emplâtre sur la langue du baudet. Emplâtre au moyen duquel il devait, au bout de huit jours, être passé maître dans l'art de l'éloquence. Nous partîmes de là le jour même, et nous ne savons ce qu'il est résulté de ce cataplasme. Mais, pourquoi cet âne n'aurait-il pas parlé, s'il vous plaît, puisqu'il y en a tant d'autres qui parlent? Cependant, allons déjeuner; mon estomac crie la faim. (Il sort.)

SCÈNE VI.

L'ÉVEILLÉ, GRIMACETTE.

GRIMACETTE.

Tiens, Léveillé, mon ami, voilà ton pain, et bon courage! Je mettrai un peu d'omelette dans ma poche, va, et je te l'apporterai.

LÉVEILLÉ.

Merci, Grimacette; tu es une bonne petite fille, et tu me fais souvent penser à...

GRIMACETTE.

Chut! j'entends papa. Apprends vite ta leçon pour n'être pas grondé. (Elle sort.)

SCÈNE VII.

LÉVEILLÉ.

Le jour commence à poindre... — Oh! les beaux arbres qu'il y a sur cette place! — Ils ressemblent aux tilleuls de l'avenue du château de... — Hélas! que je suis à plaindre! — Voilà un an que je n'ai vu ni ma famille, ni mon pays! — Ah! ma chère petite sœur, que tu avais raison de me dire: « Tu es d'une « dissipation qui te portera malheur, je te le « prédis! »

Le cruel M. Grimaçot m'accable de coups, je ne

mange que du pain noir ! — Je suis obligé d'apprendre une multitude de paroles ridicules et même absurdes ! — Enfin, j'en suis réduit à regretter M. Rigoris, le grec et le latin !.. — Mais j'étais si léger, si paresseux, si désobéissant ! — Ah ! j'ai bien mérité mon sort !

SCÈNE VIII.

L'ÉVEILLÉ, LAFLEUR, qui traverse la place et s'arrête devant l'Éveillé.

LAFLEUR.

Bonjour, mon petit bonhomme; vous êtes donc de la troupe des saltimbanques qui doit donner ici une si belle représentation ?

LÉVEILLÉ.

Oui, Monsieur.

LAFLEUR.

Vous n'avez pas l'air maladroit, tout de même ! Et ce métier vous plaît-il ?

LÉVEILLÉ.

Il le faut bien, Monsieur.

LAFLEUR.

Ce comédien est donc votre père ?

LÉVEILLÉ.

Oh ! non, Monsieur !

LAFLEUR.

Y a-t-il longtemps que vous êtes avec lui ?

LÉVEILLÉ.

Environ un an, monsieur.

LAFLEUR.

Il est votre parent, peut-être?

LÉVEILLÉ.

Non, monsieur.

LAFLEUR.

Votre maître, seulement?

LÉVEILLÉ.

Oui, monsieur.

LAFLEUR.

Vous nourrit-il bien?

LÉVEILLÉ, *montrant son pain.*

Avec ce pain, monsieur.

LAFLEUR.

Comme il est noir! Et il ne vous donne pas autre chose?

LÉVEILLÉ.

Non, monsieur. Bien heureux encore quand j'en ai mon content.

LAFLEUR.

Ça sent pourtant une bonne odeur de cuisine par là.

LÉVEILLÉ.

C'est que M. Grimaçot déjeune avec mademoiselle Grimacette.

LAFLEUR.

Grimaçot! Grimacette! voilà de drôles noms! Et vous, comment vous appelez-vous?

LÉVEILLÉ.

Léveillé.

LAFLEUR.

Léveillé tout court?

LÉVEILLÉ.

Ici, oui.

LAFLEUR.

Ailleurs, vous avez donc un autre nom?

LÉVEILLÉ.

Oui, et un beau! bien beau!

LAFLEUR.

Lequel?

LÉVEILLÉ.

Mais, c'est que M. Grimaçot m'a défendu de le dire sous peine d'être battu, et je le suis déjà de reste.

LAFLEUR.

Il vous l'a défendu! hé! qu'est-ce que cela peut lui faire que vous disiez votre nom? — Oh! oh! voilà qui commence à m'intriguer! (A part.) Sa voix, ses traits... (Haut.) Vous ne voulez donc pas me dire votre nom, mon petit ami?

LE SANSONNET, revenant à tire-d'aile.

Bêta.

LÉVEILLÉ, saisissant le sansonnet.

Oh! te voilà, mon petit sansonnet! tu m'aimes donc, puisque tu es revenu?

LAFLEUR, ému, prenant les mains de Léveillé.

Monsieur Robert! (Il s'enfuit.)

LÉVEILLÉ, seul.

Monsieur Robert! Est-ce que cet homme me connaît? Je n'ai jamais vu cette figure, que je sache! — Personne, parmi les gens de mon père, ne portait ni longue barbe, ni moustaches. — Pourtant, il me semble que cette voix ne m'est pas tout à fait étrangère! — Il est vrai qu'il est jour à peine! — Et puis, je n'ai pas trop bien regardé ce personnage. — On voit tant de monde tous les jours!

SCÈNE IX.

LÉVEILLÉ, GRIMACETTE.

GRIMACETTE, apportant une assiette.

Mon père est allé faire un tour au cabaret, Léveillé. Tiens, mange tranquillement cette omelette.

LÉVEILLÉ.

Merci, chère petite Grimacette; mais je n'ai pas du tout faim. Si je croyais que M. Grimaçot ne rentrât pas tout de suite, j'irais faire un tour sur la place. Elle ressemble si bien à celle de mon village! Et puis... (A part.) mais, ne lui en disons pas davantage, ce ne serait peut-être pas prudent.

GRIMACETTE.

Oh! ne sors pas, Léveillé; si papa revenant, ne te trouvait pas ici, il serait mécontent et te battrait bien fort quand tu rentrerais.

LÉVEILLÉ.

J'ai pourtant bien envie de voir ce village !

GRIMACETTE.

Pourquoi ? tu en as vu tant d'autres ! Comment peux-tu croire que c'est ton pays, puisque le bohémien qui t'a vendu quinze francs à mon papa lui a juré que tu étais né dans les montagnes ?

LÉVEILLÉ.

Il a menti, je suis des Ardennes.

GRIMACETTE.

Nous sommes arrivés si tard hier et il faisait si noir que je n'ai rien vu du tout. Mais, voilà de bien belles dames ! qu'est-ce qu'elles nous veulent ?

SCÈNE X.

LÉVEILLÉ, GRIMACETTE, LE PRINCE, LA PRINCESSE, ALINE, M. RIGORIS, LAFLEUR, LE SANSONNET.

LAFLEUR, montrant Léveillé.

Le voilà !

LA PRINCESSE.

Robert !

LÉVEILLÉ, se jetant dans les bras de la princesse.

Ciel ! ma mère !

LA PRINCESSE, l'embrassant.

Mon fils !

LÉVEILLÉ.

Maman ! ma chère maman !

LA PRINCESSE.

Mon fils ! mon bien-aimé fils !

LÉVEILLÉ, se jetant dans les bras de son père.

Mon père !

LE PRINCE, l'embrassant.

Cher enfant !

ALINE.

Oh ! Robert ! Robert ! à mon tour. Je veux t'embrasser.

ROBERT, embrassant Aline.

Ma chère petite sœur !

GRIMACETTE, à part.

Il appelle cette belle dame maman ! et ce beau monsieur papa ! c'est donc bien vrai qu'il est le fils d'un prince !

LÉVEILLÉ.

Et monsieur Rigoris ! Bonjour, monsieur Rigoris. Oh ! j'apprendrai le grec, maintenant.

M. RIGORIS, s'inclinant.

La reconnaissance, monsieur, vous en fait un devoir sacré. Songez que c'est une lettre grecque qui vous a fait reconnaître par ce fidèle serviteur de monseigneur votre père.

LÉVEILLÉ, serrant les mains de Lafleur.

Ah ! c'est toi, Lafleur ! je ne t'avais pas reconnu. Ce grand chapeau rabattu ; le jour naissant à peine ; cette barbe ; ces moustaches...

M. RIGORIS.

Sont de mode, aujourd'hui. C'est, du reste, le genre grec. Démosthène en rasait la moitié quand...

LE PRINCE.

Permettez, monsieur Rigoris, que nous laissions là Démosthène pour le moment. La princesse a besoin de revoir son fils au château, et je veux qu'on prépare une joyeuse fête pour célébrer le retour de cet enfant si longtemps pleuré.

ROBERT.

Adieu, chère Grimacette !

GRIMACETTE, pleurant.

Adieu, cher Léveillé !

LA PRINCESSE.

Cette enfant était donc bonne pour toi, Robert ?

ROBERT.

Oh ! oui, maman ; elle partageait secrètement avec moi les friandises que son père lui donnait.

LA PRINCESSE, ôtant une bague de sa main.

Tenez, ma petite fille, voilà un souvenir de Léveillé.

LE PRINCE, tirant sa bourse et la donnant à Grimacette.

Prenez, mon enfant.

GRIMACETTE, se jetant à genoux.

Madame, gardez votre bague. Monsieur, gardez votre or; mais, ce que je vous demande en grâce, c'est de ne pas faire punir mon papa. Il a souvent battu monsieur Robert, c'est vrai; mais, ce n'est pas lui qui vous l'a volé! je vous l'assure.

ROBERT.

Je vous en supplie, aussi pour elle; mes chers parents!

LE PRINCE, relevant Grimacette et lui donnant la bague et la bourse.

Je vous l'accorde, Grimacette, en récompense de votre bon cœur; mais, avertissez votre père desortir de suite du pays et de n'y remettre jamais les pieds s'il ne veut pas s'exposer à ma juste indignation.

LA PRINCESSE.

Rentrons vite au château.

LE PRINCE.

Oui, et que Robert, corrigé par ses tristes aventures, devienne docile, appliqué, studieux.

M. RIGORIS.

Comme mademoiselle sa sœur.

ALINE.

Robert sera parfaitement sage, monsieur. N'est-ce pas, mon frère?

ROBERT.

Oui, ma chère sœur. Je ne serai plus dissipé, paresseux, taquin.

LE SANSONNET.

Bêta.

FIN

DES AVENTURES DE ROBERT DE NONSAVOIR.

LE MARQUIS DE SARUS.

PERSONNAGES.

Le Marquis DE SARUS.
La Marquise DE SARUS.
PERRETTE, jeune servante.
Le Docteur GUÉRISDON.

— LA SCÈNE SE PASSE DANS UN SALON DU CHATEAU DE SARUS —

LE MARQUIS DE SARUS.

ACTE PREMIER.

SCÈNE I.

LA MARQUISE.

La prodigalité règne dans ma maison.
Il ne nous convient pas d'avoir un si haut ton.
Nous faisons tous les jours des dîners de Cocagne.
Vraiment, on nous croirait des châteaux en Espagne !
Et nous nous ruinerons si nous ne mettons fin
A ce luxe effréné de mise et de festin.
Pourtant, lorsque je sonde à fond ma conscience,
Je ne me trouve point les goûts de l'opulence,
Et je n'ai pas non plus à confesser ici
De laisser le buffet ouvert à l'appétit.
Mais, j'ai tort de flatter cette gastronomie,
De mon puissant époux la trop intime amie ;
De lui trancher sans fin et le bœuf et le lard ;
De massacrer pour lui la poule et le canard.
J'aurais dû, je le vois, dominant ma tendresse,

Pour son vaste estomac montrer moins de faiblesse;
Et lui prouver comment les mortels délicats
Ne devraient se nourrir que du vermeil cédrat,
Ou du pâle navet, ou de la douce pomme,
Car, il ne convient point à la bonté de l'homme
D'acheter par les pleurs d'animaux innocents
Le plaisir d'exercer le pouvoir de ses dents.
Je m'accuse : c'est vrai, je n'eus point le courage
De prendre dès l'abord les rênes du ménage ;
Je ployai, j'obéis, et ce n'est que depuis
Que j'ai vu l'indigence accourir au logis,
Que maîtrisant enfin une douceur extrême
J'appelle l'abstinence et prêche le carême.
Mais je crois ce langage aujourd'hui trop tardif ;
Mon époux est doué d'un caractère vif;
Il s'emporte et je crains que ma voix impuissante
Ne triomphe jamais de son humeur grondante.
Il faut donc recourir aux ruses de l'esprit
Et prendre en leurs lacets ce fougueux appétit.
Pour sa santé feignons un effroi véritable;
Et prouvons-lui qu'il faut s'éloigner de la table
S'il veut voir prolonger ces ans si précieux
Dont la fin pour jamais condamnerait mes yeux
A des pleurs éternels!.. Pourtant soyons prudente ;
N'allons pas lui donner une telle épouvante
Que, n'ayant plus d'espoir, il ne consente pas
A se priver en vain de deux de ses repas.
Disons-lui que le mal encor en sa racine
Guérira si l'on veut amoindrir la cuisine ;

Puis, ne l'entourons point d'un lugubre appareil.
Égayons ses loisirs, prolongeons son sommeil :
La gaîté fait souvent oublier le potage ;
L'exercice toujours fut fatal au ménage.
Quand on agit beaucoup on redouble la faim.
Un tranquille repos laisse durcir le pain.
Secrets d'économie ! il faudrait vous apprendre
Aux langes du berceau, dès l'âge le plus tendre,
Et l'Université devrait donner des prix
A qui vous aurait mieux pratiqués et compris !
Mais, voici mon époux ; il a l'air bien farouche !
Voyons quelles douceurs vont sortir de sa bouche.

SCÈNE II.

L'A MARQUISE, LE MARQUIS, ensuite PERRETTE.

LE MARQUIS.

Madame, je le sens, il faut nous séparer,
Votre joug est pour moi trop lourd à supporter.
J'ai bien pu jusqu'alors, envieux de vous plaire,
Adopter d'un chartreux le régime sévère;
Mais, puisque vous poussez les choses à l'excès,
Et que je n'aime point la guerre et les procès,
Malgré mes cheveux gris ; malgré le poids de l'âge,
Je vais, triste exilé vers un autre rivage,
Au riz et au maïs donner d'utiles soins
Pour me nourrir par eux du travail de mes mains.
Mais, avant de partir nettement je déclare
Qu'Harpagon ne fut point un véritable avare,

Que Molière aurait dû réformer ses portraits
S'il eût eu le bonheur de rencontrer vos traits;
Qu'il nous aurait donné l'œuvre d'un plus grand maître
Si du temps du grand roi le ciel vous eût fait naître.
Madame, pardonnez trop de sincérité;
Mais je ne sus jamais farder la vérité.
Seulement, je le vois, trop longtemps ma tendresse
Me cacha pour l'argent toute votre faiblesse.
Enfin, désespérant de jamais la guérir,
Je pars. N'essayez pas en vain de m'attendrir.

LA MARQUISE.

Hélas ! vous me fuyez ! désormais triste et veuve,
Il faut que de chagrins mon pauvre cœur s'abreuve !
Effeuillez sur mon front cette nouvelle fleur...
Qu'on le couvre déjà d'un voile de douleur !
Je veux me dépouiller de ce luxe inutile.
Otez de mes cheveux cette agate fragile,
Qu'on ferme les volets, qu'on relève les ponts,
Que l'on fasse gémir les portes sur leurs gonds.
Je veux à ma douleur convier la nature
Et ne jamais revoir une humaine figure.
Qu'on supprime le grain aux hôtes de la cour
Et que tout jeûne ici dans un si triste jour !

LE MARQUIS.

Apaisez ces éclats; je ne veux point, madame,
Que mon dernier adieu, dans votre cour, affame
Les bipèdes maigris que votre avare main
A tant de fois, hélas ! laissés manquer de grain.
Et vous parlez aussi de changer de vêture ?

Mais, dites, s'il vous plaît, quel serait d'aventure
La robe ou le manteau, respecté par les ans,
Qui pourrait vous couvrir de ses plis obligeants?
Ah! laissez voir, du moins, quelque reconnaissance
Pour ce lé de satin qui, plein de complaisance,
Depuis plus de dix ans vous prête son secours
Contre le froid des soirs et la chaleur des jours.
Conservez cet ami. Sa constance éternelle
N'aura, dans aucun temps, ni rival ni modèle.

LA MARQUISE.

Hélas! vous joignez donc le sarcasme au mépris!
Sur vos lèvres je vois un caustique souris;
Cruel! vous retournez le dard dans la blessure
Et vous savez unir la vengeance à l'injure!
Mais, non, non. C'est un jeu. Vous ne partirez pas.
Ma trop vive douleur arrêtera vos pas!

(Elle se jette à genoux.)

Restez! voici les clefs. Votre seule parole
Fera sur le fourneau bouillir la casserole;
Sur les rameaux légers les oiseaux frémiront!
Au fond de leurs étangs les brochets pâliront!
Et si ce n'est assez du produit de nos terres,
Si leurs humbles tributs vous semblent trop vulgaires,
Ouvrons le nouveau monde; arrachons de son flanc
Les dons qu'en ses vaisseaux portera l'Océan.
Je suis prête à donner jusqu'au dernier centime
Pour, de votre estomac, combler l'immense abîme!
Et s'il ne reste un jour plus rien à dévorer,
Sous votre noble dent je me ferai broyer!

LE MARQUIS, *ému, tendant la main à la marquise.*

Assez ! relevez-vous, ô nouvelle Éponine !
Rome a vu de beau traits; mais du Rhin à la Chine,
Et dans tout le parcours que poursuit le soleil,
Le jour n'éclaira point un dévoûment pareil !
Désormais, entre nous, plus jamais de nuage.
La paix aura sa place au foyer du ménage;
Elle y pourra vieillir si vous avez le soin
De fournir la maison de gibier et de vin.
Mais, dînons.

LA MARQUISE.

Un moment !

LE MARQUIS.

Pourquoi donc ?

LA MARQUISE.

De l'herbage
Dont notre cordon-bleu compose le potage,
Et que j'avais pensé jusqu'alors suffisant,
Il est inopportun d'attrister votre dent.
Je veux jusqu'au marché dépêcher la monture ;
Et plût au ciel qu'elle eût de Pégase l'allure,
Pour rapporter plutôt le quadrupède exquis
Dont je veux aujourd'hui régaler vos esprits !
Perrette, montrez-vous. Prenez votre siamoise
Et courez de ce pas aux halles de Pontoise.
Équipez le roussin ; faites-le peu manger,
Pour franchir la distance, il sera plus léger.

PERRETTE.

Madame, le pauvret a jeûné la semaine ;
Je ne crois pas qu'il puisse aller la quarantaine,
Il tousse comme un bœuf depuis le mardi gras
Que, contre sa coutume, il fit un bon repas.

LA MARQUISE.

Je lui connus toujours une extrême indolence;
Il aime les festins, déteste l'abstinence ;
Il se ferait mourir à manger sans besoin ;
Épargne-lui la paille et cache-lui le foin.
Pour lui j'ai consulté de grands vétérinaires
Qui m'ont fort conseillé l'usage des contraires.
Il faut l'habituer, pour guérir ses accès,
En travaillant beaucoup, à manger sans excès.

PERRETTE.

Il est en bon chemin de guérison parfaite !

LA MARQUISE.

Cher ami, je m'en vais faire seller la bête :
Si pour tromper le temps et charmer vos loisirs
Vous voulez vous livrer à de simples plaisirs,
Vous pourriez au jardin arracher l'herbe tendre...

SCÈNE III.

LA MARQUISE, PERRETTE.

LA MARQUISE.

Perrette, écoutez-moi; tâchez de bien comprendre :

Vous allez à Pontoise acheter un gigot ;
Pour contenter Monsieur, en revenant bientôt.
N'allez pas, s'il vous plaît, commettre un homicide.
Mon enfant, qu'en ceci l'humanité vous guide ;
Prenez soin du baudet. Il est maigre ; il est vieux.
Etre tard au marché d'ailleurs ce n'est que mieux.
Quand la foule est partie, il reste sur la place
Des morceaux excellents dont on se débarrasse,
Aimant mieux les céder pour peu, presque pour rien,
Que de ne point les vendre : ainsi choisissez bien ;
Marchandez, marchandez ; c'est l'art des ménagères,
Et les vendeurs lassés ne lui résistent guères.
Allons, partez, adieu.

PERRETTE.

Faut-il un gros gigot?

LA MARQUISE.

Ayez toujours grand soin de prendre moins que trop.

SCÈNE IV.

LA MARQUISE.

Mon noble époux m'a fait une terrible scène !
Voilà pourtant jusqu'où le penchant nous entraîne !!
Le marquis était hors de son bon naturel ;
Il soufflait la fureur, il vomissait le fiel ;
Et ce n'était plus là cet homme débonnaire,
Docile comme un fils, patient comme un père !
Ah ! pourquoi n'a-t-on su, quand il était enfant,

Retenir, enchaîner son appétit naissant?
Il aurait pu gagner en raison, en science,
Tout ce qu'a pris, hélas! chez lui la corpulence;
Car, l'âme s'amoindrit du trop qu'on donne au corps.
Et pourtant, tous les jours, sans honte, sans remords,
Aux dépens de l'esprit on nourrit la matière!.....
Mais, la nuit va venir : habile conseillère,
Elle m'inspirera quelque moyen heureux
Pour guérir mon mari d'un appétit ruineux!
Espérons.

SCÈNE V.

LA MARQUISE, PERRETTE.

PERRETTE.

Juste ciel! quelle triste aventure!
Hélas! l'âne, affamé d'une tendre verdure,
Ne veut plus faire un pas; assis à son festin,
Il savoure à loisir la plante du chemin.

LA MARQUISE.

Quel vorace animal!

PERRETTE.

En vain, de ma houssine,
A coups précipités j'ai chargé son échine;
J'ai rompu sur son dos trois gaules à la fois.
Il ne bouge pas plus que s'il était de bois.

LA MARQUISE.

Quelle horreur!

PERRETTE.

Il est là, madame, et du village
Je crois qu'il mangerait en un jour tout l'herbage.
Si le garde le voit, nous aurons un procès.

LA MARQUISE.

Hélas! chacun veut donc me ruiner en excès!

PERRETTE.

Dans vos plaintes, madame, exceptez-moi, de grâce!
Les saints du paradis savent combien j'amasse,
Par des jeûnes fréquents, de mérite caché!
Ah! certes, manger trop ce n'est pas mon péché!
Un peu de pain rassis, puis l'eau de la fontaine,
Ce sont là mes festins et dimanche et semaine.

LA MARQUISE.

C'est vrai; jusques alors ton appétit discret,
Du bonheur d'être sobre a compris le secret.
Garde de perdre, enfant, ce bien de ta jeunesse!
Manger peu, boire moins, c'est vraiment la sagesse.
Mais, le temps fuit, Monsieur va rentrer promptement,
Croyant que du dîner c'est enfin le moment.
Que dire? comment faire?

PERRETTE.

Apaisez-vous, madame.
Mon pied sur les gazons vole comme la flamme.
D'un cheval de carosse on dit que j'ai le pas.
L'embonpoint, grâce au ciel, ne m'embarrasse pas!

LA MARQUISE.

La maigreur, à la fois utile et salutaire,

Rend le sang plus actif, la marche plus légère.
Il faut, pour conserver ce trésor précieux,
Rendre de plus en plus le jeûne rigoureux.
La taille, la beauté perd toute sa noblesse
Chez les gens dont le corps est surchargé de graisse.

PERRETTE.

A la porte, je crois entendre un petit coup...

LA MARQUISE.

C'est Monsieur ; pars.

PERRETTE.

Je prends mes jambes à mon cou.

SCÈNE VI.

LE MARQUIS, LA MARQUISE.

LE MARQUIS.

Le potage est-il prêt ?

LA MARQUISE.

Cher ami, pas encore.

LE MARQUIS.

Tant pis !

LA MARQUISE.

Il n'est pas tard !

LE MARQUIS.

Mais, la faim me dévore !

LA MARQUISE.

Perrette est diligente et reviendra bientôt.

LE MARQUIS.

Et comptez-vous pour rien de rôtir le gigot ?
Il faut beaucoup de temps.

LA MARQUISE.

Hier, dans nos bocages,
J'aperçus des pruneaux et des mûres sauvages ;
Vous pourriez peut-être en goûter la saveur
Tandis que du fourneau nous hâterions l'ardeur.
J'y cours.

SCÈNE VII.

LE MARQUIS.

Elle a sur moi pris un étrange empire !
Hélas ! dans le secret j'en gémis, j'en soupire,
Je me trouve trop faible et jure de briser
Le joug que son humeur sur mon front fait peser.
Je me crois tout-puissant, je pars, je vole aux armes,
Je chante le bardit... mais, une de ses larmes
En émouvant mon âme apaise ma fureur
Et me fait du combat un lâche déserteur !
Pourtant un sang guerrier doit couler dans mes veines.
Non loin de ce manoir se déroulent les plaines
Où le Fléau de Dieu, le terrible Attila,
Devant notre écusson une nuit recula.
L'histoire a raconté l'action immortelle
Dont un de mes aïeux illustra la querelle ;
Elle a dit quel effroi sa hache répandit
Et de quels flots de sang sa francisque rougit.

O valeur ! O modèle et ma honte et ma gloire !
Tu fis briller mon nom ; je ternis ta mémoire !!
Qui pourrait donc en moi voir le fils des héros...
Mettons enfin un terme à ce trop long repos...
Mais, briser un roseau ; lutter contre un femme,
Est-ce bien un combat digne d'une grande âme...

. . . .

Non, non... laissons encore reposer sur mon front
Au lieu du casque altier ce bonnet de coton !
Il ne ressemble point à la fière coiffure
Dont jadis les Sarus couvraient leur chevelure.
Il n'a pas, je l'avoue, un éclat merveilleux...
Rarement il s'épure au lavoir onduleux.
Le savon, manié par une main active,
Ne lui rendit jamais sa blancheur primitive ;
Mais enfin il est beau, par un suprême effort,
De plier son orgueil au joug d'un humble sort,
Et de sacrifier au repos du ménage
Les traits de la valeur, les hauts faits du courage.

(Il sort.)

SCÈNE VIII.

LE MARQUIS, LA MARQUISE, (le rencontrant).

LA MARQUISE.

Vous sortez, noble époux ? gardez que les zéphyrs
Vous charment trop longtemps par leurs tendres soupirs ;
Aux rameaux verdoyants le soleil semble dire
Un ravissant adieu dans son dernier sourire,

Et l'étoile du soir va bientôt ramener
Perrette s'affaissant sous le poids du dîner.

LE MARQUIS.

Votre souci madame, est tout à fait aimable.
Je ne m'éloigne point, et l'odeur agréable
Du repas succulent que vous voulez m'offrir,
De revenir bientôt me fera souvenir.

SCÈNE IX.

LA MARQUISE, seule.

Vraiment ! quand il le veut, il est rempli de grâce
Et tout revèle en lui la grandeur de sa race.
Il devrait être né dans ces glorieux temps
Où la France en Asie envoyait ses enfants.
Je regrette parfois l'enthousiasme antique
Qui, chassant nos aïeux du foyer domestique,
Embarquait en un jour chef, compagne, poupon,
Pour aller en Judée en passant l'Hellespont.
Dans cet heureux pays la terre bienfaisante
Donne gratuitement les trésors qu'elle enfante.
Du soin du pot-au-feu se charge le soleil :
A chaque branche on voit briller un fruit vermeil.
Sans dépens, sans soucis la ménagère heureuse,
Ignore les grands frais d'une table onéreuse.
Jours doux et fortunés ! hélas, vous n'êtes plus !
Pour nourrir les vainqueurs il n'est plus de vaincus !

ACTE DEUXIÈME.

SCÈNE I.

LA MARQUISE, PERRETTE.

LA MARQUISE.

Tandis que le gigot dans la sauce va cuire,
Perrette, retenez ce que je vais vous dire.
Déjà de mes leçons vous avez profité ;
Je dois même louer votre sobriété ;
Mais, à votre âge, on a la tête bien légère,
Et l'on trouve aisément la morale sévère !
On se relâcherait d'une juste rigueur,
Si de fréquents conseils n'en ranimaient l'ardeur.
Voilà pourquoi souvent, réveillant votre zèle,
Je fais de vos devoirs la peinture fidèle.
Je redis comme quoi vous devez avoir soin
De ménager le beurre et d'épargner le vin ;
De ne jamais laisser brûler notre résine
Pour avoir le plaisir d'éclairer la cuisine.

PERRETTE.

Oui, madame.

LA MARQUISE.

Et surtout ne flattez pas le goût
En prodiguant le sel et le poivre au ragoût;
Pour piquer l'appétit ne mettez point d'épices,
C'est le plus dangereux de tous les artifices.

Il aiguise la faim et ruine la maison,
Lorsque le cuisinier sale et poivre à foison.

PERRETTE.

Oui, madame.

LA MARQUISE.

Ayez soin de cuire peu la viande;
D'abord, pour amoindrir la dépense très-grande
Du bois qu'il faut au feu consumer trop longtemps;
Ensuite le labeur que se donnent les dents
Pour broyer une chair qui n'est pas assez cuite,
Fait que les plus gourmands y renoncent bien vite.

PERRETTE.

Oui, madame.

LA MARQUISE.

En un mot si, malgré mes avis,
Monsieur veut à dîner convier ses amis,
N'allez pas, s'il vous plaît, par une chère exquise,
Des hôtes importuns flatter la gourmandise,
Et leur donner ainsi, dans un court avenir,
Pour manger notre bien, l'attrait de revenir.
Ce jour-là, préparez un menu détestable
Qui leur fasse à jamais abandonner ma table.

PERRETTE.

Oui, madame.

LA MARQUISE.

Sachez venir dire à propos
Que le chat a mangé la viande dans les pots;
Que le chien de Monsieur vient de faire sa proie
D'un succulent rôti fait d'une très-belle oie;

Qu'enfin on a perdu, pour comble de malheurs,
La clef du meilleur vin et celle des liqueurs.

PERRETTE.

Oui, madame.

LA MARQUISE.

Voilà comment la ménagère
A mille heureux secrets ignorés du vulgaire.
Elle sait au besoin s'en servir prudemment.
Mais, allez, le gigot cuirait trop lentement.

PERRETTE.

Ma main va l'activer par une vive flamme
Et de ses bons conseils je rends grâce à Madame.

(Elle sort.)

LA MARQUISE.

Je devrais pour ma gloire et pour l'humanité
De l'art de manger peu publier un Traité.

SCÈNE II.

LA MARQUISE, PERRETTE, ouvrant les deux battants.

PERRETTE.

Le docteur Guérisdon, médecin de la reine,
Du comte de Paris, de la princesse Hélène,
De l'empereur des Turcs, du grand Czar et du Schah;
Du grand-duc de Toscane et d'Abd-el-Kader... ah!

(Au docteur.)

C'est-il tout?

(Le docteur lui parle bas.)

PERRETTE, haut.

Chevalier légionnaire,
Membre de l'Institut et de la Jarretière !

LA MARQUISE.

Faites entrer.

PERRETTE.

Monsieur le médecin du Schah,
Notre dame m'a dit que vous veniez par là.
(A part.)
Je vais voir si Minet aurait mal à la patte!

SCÈNE III.

LA MARQUISE, LE DOCTEUR.

LA MARQUISE.

Enfin vous voilà donc, cher docteur hydropathe !
Combien je soupirais après votre retour !
Seulement, vous venez dans un bien triste jour.
Le marquis, méprisant la sage tempérance,
Hélas ! veut malgré moi rompre son abstinence.
J'ai dû, dissimulant mon affreux déplaisir,
Par crainte et par respect céder à ce désir.
Guérira-t-il jamais !

LE DOCTEUR.

Par l'eau; par l'eau, marquise.
C'est le remède à tout; la nature l'a mise
A la ville, au désert, au vallon, au hameau,
Et tout mortel qui souffre a soin de nous dire : Eau !

LA MARQUISE, riant.

A l'orthographe près!

LE DOCTEUR.

Une étude sévère
M'a largement prouvé qu'il n'est pas sur la terre
Un système plus vrai, plus bienfaisant, plus beau!
Croyez cela, madame.

LA MARQUISE, à part.

Et puis, buvez de l'eau.

(Haut.)

Vous savez que du vin je me montre ennemie
Et par goût naturel et par économie.

LE DOCTEUR.

La nature a poussé la tendresse si loin,
Que spontanément et sans y prendre soin,
Le malade avertit le docteur qu'il appelle
De l'endroit sur lequel doit s'exercer son zèle.

LA MARQUISE.

Dites-moi, cher docteur, comment se fait cela?

LE DOCTEUR.

Le malade nous crie : *Eau*, la, la! De l'eau, la!

LA MARQUISE.

C'est admirable!

LE DOCTEUR.

Aussi, dans peu l'hydropathie
Détruira les erreurs de l'homéopathie;
On comprendra bientôt le système nouveau;
Et nous irons gaîment nous jeter tous à l'eau.

LA MARQUISE.

Oh! mettez, s'il vous plaît, tout l'art de la parole

A rendre mon époux ami de votre école.
Justement, le voici.

SCÈNE IV.

LES MÊMES, LE MARQUIS.

LE MARQUIS.

Bonjour, mon cher docteur,
Comment vous portez-vous ?

LE DOCTEUR.

Monsieur, j'ai bien l'honneur
De vour offrir ici mon très-profond hommage.

LE MARQUIS.

Vous venez pour soigner un malade au village ?

LE DOCTEUR.

Non, monsieur. Pour guérir votre inflammation :
Nous le ferons sans prendre aucune potion ;
Nous ne recourrons pas non plus à la lancette,
Et bientôt vous aurez une santé parfaite.
Monsieur, l'art d'Hipocrate a fait de grands progrès,
Et l'homme, uniquement par l'âge ou les excès,
Doit maintenant mourir.

LE MARQUIS.

Vraiment !

LE DOCTEUR.

C'est admirable !
Et la chose pourtant n'en est pas moins croyable.
Madame la comprend.

LA MARQUISE.

Et la goûte encor mieux.

LE MARQUIS.

Dînera-t-on bientôt?

LA MARQUISE.

Le plus cher de vos vœux
Enfin va s'accomplir! je cours à la cuisine?

(Elle sort.)

SCÈNE V.

LE MARQUIS, LE DOCTEUR.

LE MARQUIS.

Ma femme, cher docteur, adorant la lésine,
Va ruiner ma santé par des jeûnes sans fin.
J'ai cédé jusqu'alors et supporté la faim ;
Mais, je veux, maintenant, diriger la dépense
Et ne plus me soumettre à cette pénitence.
Nous allons débuter ce soir par un gigot,
Dînez donc avec nous. On servira bientôt.

LE DOCTEUR.

Mangez, marquis, mangez et buvez mieux encore.
L'estomac s'affaiblit, le teint se décolore,
Quand on se nourrit d'herbe et qu'on s'abreuve d'eau.
Ce régime, à la fin, vous vide le cerveau.

LE MARQUIS.

Parlez donc de la sorte à ma chère marquise?

LE DOCTEUR.

Je m'en garderais bien! je la sers à sa guise.

Mais, soyez maître en tout; faites de bons repas
De viandes et de vins. Ne les ménagez pas:
Seulement aujourd'hui, gardez quelque mesure;
Quand d'un jeûne trop long a souffert la nature,
Il ne faut pas d'abord la servir largement.
Augmentez chaque jour la dose prudemment.

LE MARQUIS.

J'y veillerai.

SCÈNE VI.

LES MÊMES, LA MARQUISE, PERRETTE.

PERRETTE.

Monsieur, enfin la table est mise,
Le potage est servi. Je crois la soupe exquise!

LE MARQUIS.

J'y vais; et vous aussi, venez, mon cher docteur!

LE DOCTEUR.

Merci, monsieur, je suis votre humble serviteur.
(Il salue.)

LA MARQUISE.

Nous n'insisterons pas; car, je crois notre viande
Mal cuite, mal choisie et pas du tout friande.
Donc, pour une autre fois, docteur.

LE MARQUIS, à part.

En vérité,
C'est par trop d'avarice et d'incivilité!

PERRETTE.

Tout sera froid.

LE MARQUIS.

Allons à cette bonne chère. (Ils sortent.)

PERRETTE, replaçant les fauteuils.

Notre dame, vraiment, n'est pas mal singulière !
Elle ne mange pas de peur de boire, au moins!
Aussi, pour cuisiner, je n'ai pas trop de soins;
Mais, en revanche, ô ciel ! quels jeûnes je pratique!
Vraiment, ce n'est pas doux d'être ici domestique !
Il faut beaucoup souffrir, ne murmurer jamais,
Travailler nuit et jour, et, sous un air niais,
Cacher soigneusement et fatigue et tristesse.
Je n'ai pas, je l'avoue, une bonne maîtresse !
Aussi, lorsque je vins, en me quittant, hélas!
Ma mère me dit : « Va, souffre et ne te plains pas.
« Je suis veuve. Tu sais quelles sont nos misères;
« Il faut gagner du pain pour tes trois petits frères !... »
Enfin, dépêchons-nous de servir le gigot;
Et tâchons de laisser ma part au fond du pot.

ACTE TROISIÈME.

SCÈNE I.

LA MARQUISE.

Il n'est plus ! quelle mort terrible ! ignominieuse !
Pour le sang des Sarus quelle tache honteuse !
Et pour mon triste cœur quel désespoir, hélas !

Si jeune, j'ai donc vu les horreurs du trépas!
Si jeune, je connais les regrets du veuvage,
Et je perds mon époux à la fleur de mon âge.
O douleur! Et faut-il qu'un trop austère sort
M'ait départi le jour, loin de cet heureux bord,
Où l'usage permet à l'épouse fidèle
De suivre son époux dans la plaine éternelle!
Avec quels doux transports j'attiserais le feu!
Dévorons la distance et volons vers ce lieu.....
Prêtez-moi votre abri, frêle esquif, nef légère,
Et du vaste Océan franchissons l'onde amère.....
Mais, hélas! où m'égare un affreux désespoir,
Et d'un si grand malheur quel est donc le pouvoir?
Il m'ôte la raison en torturant mon âme!...
Je suis Française, hélas! il faut vivre!...

SCÈNE II.

LA MARQUISE, PERRETTE.

PERRETTE.

Madame,
Je viens de recevoir son suprême soupir;
Hélas! entre mes mains il désirait mourir!
Et, voulant jusqu'au bout ma tendresse pour guide,
Ses yeux m'ont assez dit : Soutiens-moi par la bride!

LA MARQUISE.

Qui? de qui parles-tu? Dis, quel nouveau malheur
Dans un moment pareil vient déchirer mon cœur?

PERRETTE.

Ah ! si vous aviez vu quelle triste figure
Il faisait, étendu là-bas sur la verdure !

LA MARQUISE.

Mon époux ? Mais, il est sur le funèbre lit
Où vient de le jeter son funeste appétit.
D'une indigestion, exemple déplorable !...
Ah ! redoublons d'horreur, Perrette, pour la table !

PERRETTE.

Madame, quelle mort ! il n'avait pas trente ans !
Il quitte, comme on dit, la vie en son printemps !

LA MARQUISE.

Nous fûmes fiancés en mil huit cent quarante,
La mort me le ravit en dix-huit cent cinquante,
Aujourd'hui, vendredi, vingt-neuf de juillet !

PERRETTE.

Madame fait erreur, je parle du baudet ;
Nous pleurons à la fois le grison et le maître,
L'un voulant trop manger, l'autre voulant trop paître !

LA MARQUISE.

Comment ! mon âne est mort ?

PERRETTE.

Oui !

LA MARQUISE.

Le sort sans pitié
Vient aussi l'arracher à ta tendre amitié !

PERRETTE.

Ah ! ce n'est pas le sort, madame, c'est lui-même !

Pour se dédommager d'un trop constant carême,
Il a tant pâturé le foin et le chardon
Dans le pré du voisin, qu'il en était tout rond!

LA MARQUISE.

Tu sais que, quoique maigre, il était vif, alerte,
On l'estimait au moins dix écus. Quelle perte!
Un baudet! un époux! Ciel! quel terrible jour!
Ah! du moins de sa peau peut-on faire un tambour?

PERRETTE.

Oui. Mais de notre maître on ne peut plus rien faire!

LA MARQUISE.

Tu sens que nous devrons amoindrir ton salaire:
Tu n'as plus à servir l'homme ni l'animal.
Ici, ce n'est pas moi qui te donnais grand mal!
Je ne t'attache pas au pied de la marmite;
Je ne désire point la nourriture cuite.
Nous vivrons désormais de salade et de pain.
Nous nous coucherons tôt, nous lèverons matin;
Et pour ne pas brûler plus longtemps la lumière,
Allons, dès maintenant, clore notre paupière,
Malgré tous les chagrins de ce jour de douleur!

(Elle sort.)

SCÈNE III.

PERRETTE.

Pour rester sans voir clair, oh! vraiment, j'ai trop peur!
Je crois aux revenants! Mais, sur cette causeuse,
Tâchons, si je le puis, de faire la dormeuse.

Pourtant! comment dormir après tant de tourment?
Mon maître était si bon! mon baudet si charmant!
Je respectais Monsieur; je chérissais mon âne!...
A ne plus les revoir le trépas me condamne!
Maintenant, reléguée en ce sombre manoir,
Il m'y faudra gémir du matin jusqu'au soir,
Regrettant cet ami complaisant et docile
Qui, sans aucun péril, me portait à la ville!
Sous quel fardeau pesant il me faudra tomber!
Sous quel poids désormais je devrai succomber,
Quand, le dos accablé de fruits et de légumes,
Malgré les feux du jour ou l'épaisseur des brumes,
Vers Pontoise il faudra cheminer lestement,
En dépit du paquet, de la neige et du vent!
Si, du moins, je pouvais avoir un parapluie!
Mais, Madame trop fort vise à l'économie
Pour jamais me fournir ce meuble précieux,
Quoique dans son armoire elle en ait quatre vieux.
Enfin...

(Elle ferme les yeux. On entend bientôt un léger bruit. Perrette, s'éveillant).

J'entends du bruit..... la tenture s'agite!...
Ah! contre mes frayeurs, où trouverai-je un gîte?...

(Elle cherche et écoute...)

Seraient-ce les voleurs ou serait-ce le vent?
Dans ces volets disjoints il souffle bien souvent.
Écoutons... je frémis!... quelqu'un marche, il me [semble!...
Ayez pitié de moi, Seigneur! Comme je tremble!...
C'est ici que l'on vient!..... Où me cacher? où fuir?...

De crainte... de terreur je me sens défaillir...
Pourtant... si je voyais ce que cela peut être...
(Elle avance un peu du côté d'où vient le bruit, et le marquis apparaît enveloppé dans un linceul.)

SCÈNE IV.

PERRETTE, LE MARQUIS.

LE MARQUIS.

Si tu veux le savoir, c'est l'ombre de ton maître !...
Revêts ton capuchon, sans délai, hâte-toi ;
Ne dis pas un seul mot, et sur l'heure, suis-moi.

PERRETTE.

Vous suivre ! juste ciel ! n'est-ce point chez le Diable ?
Voulez-vous me livrer à sa corne effroyable ?...
Ah ! laissez-moi, de grâce ! et croyez que jamais
Je n'irai chez les morts pour troubler votre paix !

LE MARQUIS.

Ne me résiste plus ! ouvre-moi cette porte.

PERRETTE.

Hélas ! je ne le puis ! A moitié je suis morte !
Mes genoux ont fléchi sous le poids de mon corps !
(Elle tombe.)
Je ne saurais marcher jusqu'au séjour des morts !

LE MARQUIS.

Allons, rassure-toi : ton effroi me désarme.
Il serait trop cruel d'augmenter ton alarme !

Regarde (Il se découvre le visage.)
Et reconnais que je suis bien vivant.
Je ne suis point, crois-le, un triste revenant.

PERRETTE.

Est-ce bien sûr, Monsieur?... Hélas! ma pauvre mère
A revu plusieurs fois défunt Pierrot, mon père!
Ma tante a rencontré dans le pré de Jacquet
Un fantôme tout noir allumant un briquet!
Encore, l'autre jour, dans le clos de Javotte,
Michel en a vu deux qui dansaient la gavotte.

LE MARQUIS.

Mais, quand ce serait vrai, pourquoi tant de frayeur?
Ne t'ai-je pas toujours traitée avec douceur?
J'étais content de toi.

PERRETTE.

Je fus toujours fidèle
A vous prouver en tout mon respect et mon zèle!

LE MARQUIS.

Ne crains donc plus! mais, va vite me préparer
Un verre d'eau sucrée et de fleur d'oranger.

SCÈNE V.

LE MARQUIS, seul.

Je retrouve la vie, et la belle nature
Offre encore à mes yeux ses fleurs et sa verdure.
Pour un ressuscité, que l'univers est beau!
Mais, pour ne pas sitôt rentrer dans le tombeau,

Maîtrisant ma faiblesse et m'armant de courage,
Je vais saisir enfin les rênes du ménage ;
Et veux contre le dinde et contre le poulard,
D'un appétit vainqueur arborer l'étendard !
En vain du haricot, des pois et de l'oseille,
La marquise, à dessein, dira monts et merveille,
Je ne prêterai point l'oreille à ses discours.
Des tributs journaliers tirés des basses-cours,
J'aurai soin de charger abondamment ma table.

SCÈNE VI.

LE MARQUIS, PERRETTE.

PERRETTE.

Voici le verre d'eau.

LE MARQUIS.

Dis, seras-tu capable
De servir chaque jour un potage excellent,
Puis, le bœuf, une entrée, un rôti succulent ?

PERRETTE.

Je ferai de mon mieux pour contenter mon maître.

LE MARQUIS.

Eh bien ! n'en doute pas, je saurai reconnaître
Tes efforts attentifs, tes soins laborieux.
Le marquis de Sarus sait être généreux :
Avant peu, tu vas voir se doubler ton salaire ;
D'un vêtement coquet tu pourras être fière !
Un parapluie en soie ; un âne alerte et fort...

PERRETTE, se jetant à genoux.

Ah ! c'en est trop, monsieur !

LE MARQUIS.

Modère ce transport,
Et va tout doucement avertir la marquise
Que l'attend en ces lieux une grande surprise !

PERRETTE.

Je crois que je l'entends !... Oui...

LE MARQUIS.

Quel saisissement
Va-t-elle ressentir ?

SCÈNE VII.

LA MARQUIS, LA MARQUISE, PERRETTE.

LA MARQUISE.

D'où vient ce mouvement ?
Que vois-je ? Juste ciel ! O miracle ! O prodige !...
Mais, non... De ma douleur ce n'est qu'un vain prestige !..
Il est mort ! et bien mort !.. hélas !..

LE MARQUIS.

Madame, il vit !
J'ai pu vaincre la mort ; mais non pas l'appétit.
Aussi, si vous voulez encor sur cette terre
Me faire, auprès de vous, un sort doux et prospère,
Il faut, changeant enfin de manière d'agir,
D'aliments substantiels largement me nourrir.
D'un jeûne rigoureux une épreuve nouvelle

Pourrait me ramener dans la nuit éternelle ;
Et je ne pense pas qu'une seconde fois
La mort voulût pour moi laisser dormir ses lois.

LA MARQUISE.

Vivez, mon cher époux ! Un jour viendra, j'espère,
Où nous amoindrirons cette trop grande chère.
Le temps modérera cette soif de manger.
Les ans vous donneront l'attrait de ménager.
La vieillesse, à la fois prévoyante et chagrine,
Enfin vous ôtera le goût de la cuisine.
Jusque-là, je saurai restreindre encor ma part :
A moi les os ; à vous les ailes du poulard.
Quand on a le bonheur d'être née économe,
On peut se contenter d'un pruneau, d'une pomme.
Je saurai, croyez-le, vivre de presque rien,
Et conserver ainsi mon époux et mon bien.

FIN DU MARQUIS DE SARUS.

TABLE DES MATIÈRES.

CORBEIL, typ. et stér. de CRÉTÉ.

MÊME LIBRAIRIE.

OUVRAGES DE M. L. BURON,

Professeur de Littérature.

Éléments de Littérature, 1 vol. in-12 cartonné..... 1 fr. 40

Cet ouvrage, fruit d'une longue expérience, est principalement destiné aux personnes qui ne font que des études françaises; il offre l'avantage de renfermer dans un nombre de pages très-restreint les règles du style, la rhétorique, les genres en prose, la prosodie française et les genres en vers. Les exemples les mieux choisis ajoutent à la clarté des règles et des définitions, et contribuent à les faire mieux comprendre.

Extrait du compte rendu de quelques journaux.

« Le livre de M. Buron est un résumé fort utile des principes de notre littérature. » (*Journal général de l'Instruction publique*, 17 octobre 1849.)

« [illegible] clarté et la plus grande précision distinguent le petit ouvrage de M. Buron. » (*Le Pays*, 22 novembre 1849.)

« Lorsqu'on a lu attentivement le petit volume de M. Buron, on possède en réalité la substance de tout ce qui se rapporte au double art de parler et d'écrire. » (*Le Voleur artistique et littéraire*, 17 novembre 1849.)

Histoire de la Littérature en France, 1 fort vol. in-8 de 650 pages.. 7 fr.

Cet ouvrage, consciencieusement écrit et complément indispensable des études, a l'immense avantage de joindre à la division didactique qu'exige son objet, tous les charmes d'une œuvre littéraire. Biographies des auteurs, analyses des principaux chefs-d'œuvre de notre littérature, critiques, rien n'y a été oublié. Il comprend depuis la conquête de la Gaule par Jules César jusqu'à nos jours.

Abrégé de l'histoire de la Littérature en France, résumée pour les classes élémentaires, 1 vol. in-12.................. 2 fr.

S'il est un ouvrage à la fois utile et intéressant, c'est certainement celui que nous venons annoncer. Tandis que trop souvent la science s'enveloppe d'une forme aride, [illegible]ite, ou bien se tient dans des hauteurs inaccessibles, M. Buron a su condenser [illegible] livre une immense quantité de faits, de notions indispensables, tracer enfin [illegible]ssurée un tableau des richesses littéraires de la France, s'étendant de la [illegible] par Jules César jusqu'à nos jours. N'est-ce pas une œuvre émi[illegible]issant les connaissances indispensables à une bonne [illegible] les bénédictins et les critiques? [illegible] su mettre dans son livre cette méthode, [illegible]tude de l'enseignement.

[illegible]RIGÉS, 2 vol. in-12.

[illegible]..................... 1 fr. 20

[illegible]..................... 2 fr. »

[illegible] *Littérature* du même auteur, ren[illegible] même sur la versification fran[illegible]

[illegible] dans ce recueil quelques unes [illegible]es, non pas comme modèles, mais [illegible] traiter le sujet donné.

[illegible] vol. in-12 cartonné.... 1 fr. 20

[illegible] et sa clarté. Il renferme, en très-peu [illegible] indispensables. L'auteur a su rendre [illegible] tout l'appareil de la science, les pro[illegible]hie.

[illegible]rie de Crété.

heureuse Pologne, comme pour faire douter de la providence. Il est entré avec le remords à Vienne et à Berlin; le voilà à Hambourg. Des nouvelles récentes annoncent qu'il ravage le Caire et Alexandrie; des pèlerins revenant de la Mecque l'ont apporté à Suez.

Voilà donc cet étrange conquérant qui règne sur une portion du globe, qui équivaut à 85 degrés de latitude, et 100 de longitude au moins; et ses conquêtes ont été faites sous toutes les plages de l'horizon, pendant des saisons opposées, et dans les climats les plus différents. Pour que rien ne manque à sa célébrité, les peuples qu'il a épargnés jusqu'alors, lui ont envoyé des députations de savants; chose étrange, que cette funèbre majesté ne puisse pas plus qu'une autre, se passer de courtisans. Et pour achever la comparaison, le choléra-morbus a été chanté en vers et on lui décoche des épigrammes, comme s'il était déjà naturalisé français.

Me voici maintenant, moi chétif, descendant dans l'arène où, depuis des années, le charlatanisme est aux prises avec la science. Si j'écris à la hâte, sur un sujet tout palpitant de l'intérêt du moment, c'est pour être utile; ce n'est point pour paraître savant, ni pour me faire

« Au-devant du recueil
« Couronner de lauriers par la main de Nanteuil ».

Je m'adresse aux habitants des campagnes, chez lesquels les principes les plus grossiers d'hygiène et de salubrité publiques sont encore inconnus. J'insisterai sur les signes auxquels on peut reconnaître qu'une personne est attaquée du choléra-morbus; je parlerai de ses causes; de là, j'arriverai à la partie la plus importante de mon travail, au traitement.

Pour échapper au reproche d'écrire sur une maladie sans la connaître, sans l'avoir observée, des médecins ont parlé de la nécessité de se trouver en dehors du foyer épidémique, pour en donner une bonne description, comme il faut, ont-ils dit, n'avoir pas vu des événements, pour en écrire l'histoire: comparaison brillante et fausse; car Tacite a écrit l'histoire de son temps, et ce n'est point par ouï-dire que Sydenham et Hyppocrate ont décrit des épidémies. Pour moi, sans parler de trois cas de choléra-morbus que j'ai observés à leur plus haut point d'intensité, ce n'est qu'après des recherches laborieuses, ce n'est qu'après avoir examiné des documents péniblement réunis et analysé consciencieusement des faits rassemblés dans les contrées les plus diverses, que j'ai osé mettre au jour mon travail.

Le choléra-morbus est une maladie anciennement connue; déjà du temps d'Hyppocrate on en admettait deux espèces; l'un sec, et l'autre humide; Galien adopte la distinction établie par le vieillard de Cos. Il en est fait mention dans les écrits de Baillon, Fernel, Sydenham, Hoffman, Bianchi, Sauvage et Cullen. Dans ces derniers temps, en 1813, M. Geoffroi reconnut le caractère inflammatoire du choléra-morbus. Cette idée fut développée plus tard dans les écrits et les cours de M. Broussais.

Les auteurs ont signalé le choléra-morbus, 1° à l'état sporadique, c'est-à-dire, marchant isolément, n'attaquant qu'un seul individu; 2° à l'état symptomatique de diverses maladies aigües, comme la fièvre jaune, les typhus, les fièvres pernicieuses ; 3° à l'état de petite épidémie (M. Double) attaquant plusieurs individus à la fois, sous l'influence d'une constitution médicale; 4° à l'état de maladie, née sous l'influence des localités. Le choléra des modernes est le même que le choléra des anciens.

Causes. Il faut bien le dire, la cause essentielle du choléra est encore inconnue; ce que l'on sait pourtant, c'est que les variations de l'atmosphère, le passage subit du froid au chaud, l'humidité, la malpropreté, l'étroitesse des rues, la misère, les grandes inondations, les excès de table, les agglomérations d'hommes, contribuent à le propager.

Si l'on considère que l'un des principaux effets de la chaleur atmosphérique est d'exalter la sensibilité de la membrane muqueuse de l'estomac, on concevra qu'elle puisse produire le choléra; car l'irritabilité de l'organe gastrique est un premier pas vers l'inflammation de cette partie, et nous l'avons dit, le choléra-morbus est de nature inflammatoire.

A Vienne, après de grandes chaleurs, survinrent, le 13 septembre, des orages et des pluies des plus terribles; aussi, dans la nuit du 13 au 14, la maladie éclata avec violence; et comme pour donner un démenti aux observations faites jusqu'à ce jour à Vienne, les hautes classes sont plus exposées que les autres, parce qu'elles habitent le centre de la ville, où les rues sont tellement étroites que souvent au premier étage on manque d'air et de jour. Au contraire, dans les faubourgs où est reléguée la classe indigente, les rues sont larges et spacieuses.

D'autre part, combien de causes peuvent porter sur l'estomac, une action assez forte, pour produire le choléra ! On l'a vu se manifester après l'injection de poissons salés, de viandes faisandées, de champignons, de concombres, de melons....; à la suite de médicaments pris à contre-temps, tels que les vomitifs et les purgatifs : il survient quelquefois à la suite d'une grande colère, d'une vive frayeur. Des enfants en ont été atteints après une émotion morale sentie par des nourrices.

Il sévit moins sévèrement contre les enfants et les vieillards, que contre les adultes. Les femmes y sont un peu moins exposées que les hommes.

On croit généralement qu'il n'y a point transmission de la maladie, par contagion, mais uniquement par un développement simultané, en raison des causes générales : causes dont l'action est manifeste, et la nature inconnue. Le choléra-morbus se réduirait donc à une simple épidémie ; pour moi, je me range franchement à cet avis. Les cordons sanitaires n'ont point préservé Moscou, St.-Pétersbourg, Vienne, Berlin; et le gouvernement prussien les a à peu près abolis. Il y avait à Varsovie environ cent médecins français, anglais ou allemands. Pas un n'a été atteint du choléra, et dix d'entr'eux se sont inoculés du sang des cholériques. Les infirmiers, les garde-malades, ceux qui ensevelissent les morts, n'ont pas été plus atteints que les médecins.

Du reste, que l'on soit ou non, contagioniste, on ne saurait blâmer des mesures hygiéniques, qui, si elles ne repoussent pas l'invasion, en diminuent au moins le danger. Ces mesures on peut les exécuter sans frais, sans gros émoluments; quelques ordonnances municipales, quelques conseils médicaux, quelques coups de balai dans les rues suffisent.

A quoi bon ces cordons sanitaires, ces conseils supérieurs de santé, entraves apportées au commerce, mesures qui absorbent des millions? Votre pouvoir s'arrêtera devant les variations subites de l'atmosphère, et malgré que vous en ayez, vous reculerez devant le plus ou moins de hauteur d'un baromètre. Ne parlez pas tant de liberté et d'humanité, et répandez davantage dans les campagnes, l'instruction, les principes d'hygiène et de propreté; assainissez les marais, faites disparaître les causes d'insalubrité, et alors vous pourrez briser les baraques dans lesquelles vous parquez des soldats, sur les bords du Rhin, comme si vous aviez oublié que les agglomérations d'hommes sont une cause puissante de maladie!

Symptômes, signes auxquels on peut reconnaître qu'une personne est attaquée du Choléra.

Sur ce point les médecins sont d'accord, et l'on pourra toujours reconnaître le choléra aux traits suivants :

Quand l'invasion de la maladie n'est pas subite, elle commence par un malaise, un brisement des membres, une diarrhée légère; la peau devient livide, se couvre d'une sueur froide, visqueuse, on remarque aux extrémités des taches bleuâtres, des marbrures; la face est profondément altérée; les yeux sont caves, le nez effilé, froid; vives douleurs à l'épigastre, vomissements, selles fréquentes, fluides, d'un blanc crémeux, aqueuses, ressemblant à de l'amidon délayé; crampes violentes, urines suspendues; parois du ventre déprimées et comme appliquées sur la colonne vertébrale; la langue est contractée, alongée; le pouls petit, misérable; le sang peut à peine sortir par la veine; la diarrhée et les vomissements manquent quelquefois; quelquefois aussi ils se suspendent tout-à-coup avant la mort.

Il y a rarement du délire, et le malade répond jusqu'à la mort aux questions qu'on lui adresse.

Mort en dix minutes, en cinq, dix, douze, quinze, vingt-cinq, quarante-huit heures. On a dit que les membres de certains cadavres de cholériques exerçaient des mouvements. Ce fait a été observé en Pologne, par M. Londe, et il est bien

« Un cholérique arrive-t-il dans ma salle, je « le fais envelopper de couvertures de laine chau- « des, je lui fais mettre des briques chaudes aux « pieds, je lui fais frotter les extrémités et la sur- « face du corps avec un morceau de flanelle im- « bibé de vinaigre camphré; il m'arrive aussi très- « souvent de faire pratiquer des frictions sèches. « Pendant ce temps, un bain général, à 28 ou 29 « degrés (Réaumur) de température est préparé, « et le malade y reste 25 ou 30 minutes. On le « porte ensuite dans son lit avec toutes les précau- « tions possibles pour qu'il ne se refroidisse pas. « Le pouls, la chaleur générale apparaissent-ils? « je fais pratiquer une saignée, que j'appelle *spolia-* « *tive* de 8 à 12 onces, selon la force du sujet. « Des boissons chaudes, (eau simple), une infu- « sion légère de fleurs de sureau, de thé, de ca- « momille, de menthe poivrée, sont abondam- « ment données au malade, et ensuite, selon les « symptômes qui se présentent, je me comporte « comme il suit :

« Les vomissements et les déjections alvines que « je regarde comme nécessaires dans le commen- « cement de la maladie, et qu'il est bon souvent « de faciliter par un léger laxatif, à cause de la « plénitude des organes, plénitude qui est dé- « montrée par la nécropsie, sont-ils trop abon- « dants, trop souvent répétés? j'administre soit la « potion de Rivière, soit un lavement amilacé et « opiacé. Les douleurs thoraciques et abdominales, « sont-elles très vives, persistantes? quelques sang-

« sues ou ventouses scorifiées sont mises en usage.
« Enfin, des crampes, des douleurs convulsives,
« tourmentent-elles le malade? j'ai recours aux
« anti-spasmodiques, aux bains, aux opiacés.
« Quant aux symptômes cérébraux que l'on remar-
« que quelquefois dans le choléra, à la chaleur
« de la peau, à la sécheresse de la langue, aux
« caractères typhoïdes qui s'observent aussi très-
« souvent après quelques jours de maladie, je les
« combats par les émissions sanguines locales, les
« saignées du bras, les boissons émollientes ou aci-
« dulées, froides ou légèrement tièdes, selon les
« cas. »

Aux bains près, que je regarde comme plus propres à débiliter qu'a ranimer l'énervation, ce traitement serait le mien, si jamais je me trouvais dans le cas de l'employer.

M.M. Coster, Barbier, d'Amiers, Courtis d'Eause, ont eu l'idée de comparer le choléra-morbus aux fièvres intermittentes pernicieuses; ils prescriraient en conséquence le sulfate de quinine M. Courtis d'Eause y joindrait des révulsifs énergiques, tels que le cautère actuel dans la direction de la colonne vertébrale.

Dans une des séances de l'Académie de médecine, le D.r Marc a parlé de l'huile du cajeput, comme ayant été employée avec succès dans l'Inde. La strichnine dont a parlé le même médecin exige trop de précaution et de prudence pour pouvoir être recommandée aux habitants des campagnes.

Le choléra-morbus venant à menacer un endroit, grande devra être la surveillance de l'autorité; elle devra faire une visite exacte et sévère des ateliers, des colléges, faire vider les lieux d'aisance, les égouts, transporter les fumiers; défendre l'écrouissage du chanvre près des habitations, surveiller le balayages, défendre les agglomérations d'hommes, régler les inhumations, ni trop précipitées ni trop retardées, veiller à ce que des secours soient accordés aux pauvres, leur procurer du travail; réprimer les officieux colporteurs de nouvelles alarmantes.

Si le mal a éclaté, on devra employer, comme moyen préservatif, des frictions sur tout le corps, des exercices modérés; on devra éviter les suppressions de transpirations, se garantir du froid aux pieds, aller au devant des conseils du médecin, se servir d'une nourriture animale, boire de l'eau rougie, ne point manger de fruits, occuper un logement sains et bien se convaincre que la crainte peut donner le mal, et se tenir en garde contre la foule de charlatans qui ne manquèraient pas de surgir de tous côtés.

Jusqu'ici nous n'avons rien dit des fumigations et des purifications, employées comme moyens prophylactiques. Nous terminerons donc en mettant sous les yeux de nos lecteurs, l'instruction de M. Labarraque, sur l'emploi du chlorure d'oxide de sodium. Nous laisserons parler M. Labarraque.

« Si l'on habite un pays malsain, ou menacé « de l'approche d'une maladie contagieuse, il sera « indispensable de se laver le visage et les mains

« matin et soir, avec de l'eau chlorurée. On prendra « à cet effet deux verres d'eau, sur lesquels on « versera 30 ou 40 gouttes de chlorure d'acide de « sodium. On tiendra constamment dans sa « chambre à coucher deux assiettes dans lesquelles « on mettra chaque jour un petit verre à liqueur « de chlorure, avec cinq à six fois autant d'eau; « on aura soin de placer au moins une semblable « assiette dans chaque pièce de l'appartement, et « préférablement près des fenêtres et des portes, « afin que l'air, en s'introduisant, se purifie ou se « charge d'émanations chlorurées aqueuses. Si l'on « est obligé de sortir de sa maison et de parcourir « des quartiers infectés, il faudra tenir sous sa « bouche et sous son nez, de temps en temps, un « linge mouillé d'eau chlorurée, ou respirer du « chlorure pur, contenu dans un flacon. En ren- « trant chez soi, il faudra se laver avec l'eau chlo- « rurée : les doses de chlorure que je viens d'indi- « quer sont suffisantes, et il serait inutile de les « dépasser.

« Toutefois, si ce ne sont plus seulement des « craintes, mais un mal réel, l'invasion d'une ma- « ladie qui fait de nombreuses victimes, alors, « il faut répéter plus souvent les lavages d'eau « chlorurée, aux mêmes doses, s'en rincer fré- « quemment la bouche, faire des ablutions sur tout « le corps, une fois par jour; ou bien prendre un « bain dans lequel on ajoutera environ un verre « de six onces de chlorure d'oxide de sodium, « et se faire frictionner avec une flanelle chaude « au sortir du bain. Il faut augmenter le nombre

« d'assiettes dans la chambre à coucher, en placer « près des croisées qu'on y garnira de rideaux, « en grosse toile humectée avec de l'eau chlorurée, « de manière à forcer l'air de tamiser au travers « de ces canevas très-clairs. Auprès des portes « on tiendra des cuvettes bien évasées et remplies « de la même eau. Si l'on habite une maison « vaste, à l'entrée et sous la porte cochère, il y « aura un grand vase contenant de l'eau chlorurée, « et les domestiques et autres personnes seront « tenus de mouiller leur figure et leurs mains « avec ce liquide, dont quelques gouttes seront « jetées sur les habits.

« Si l'on habite une maison moins opulente, « il sera toujours essentiel de placer un semblable « vase près de la porte d'entrée, et l'on fera de fré- « quents arrosages dans le couloir et dans les es- « caliers qui conduisent aux appartements. Il « faudra asperger les hommes et les choses venant « du dehors, ou bien les tenir enfermés pendant « une heure, dans une pièce fréquemment arrosée « avec du chlorure d'oxide de sodium qui jouit « de la faculté de ne jamais s'altérer, même en « voyageant; du reste son action sur la peau, loin « d'être irritante et nuisible aux doses indiquées, « lui donne de la fraicheur et la conserve exempte « de boutons et de rougeurs.

« Les moyens ci-dessus indiqués, pour l'usage « des particuliers et de leurs maisons, pourront « être employés pour le lavage des rues et des « places publiques. »